ŒUVRES COMPLÈTES

DE

SIR WALTER SCOTT.

Traduction Nouvelle.

PARIS,

CHARLES GOSSELIN ET **A. SAUTELET ET C°**
LIBRAIRES-ÉDITEURS.
M DCCC XXVIII.

ŒUVRES COMPLÈTES

DE

SIR WALTER SCOTT.

TOME TROISIÈME.

IMPRIMERIE DE H. FOURNIER,
RUE DE SEINE, N° 14.

HISTOIRE D'ÉCOSSE

RACONTÉE

PAR UN GRAND-PÈRE

A SON PETIT-FILS.

DÉDIÉE

A HUGH LITTLEJOHN, ESQ.

TOME TROISIÈME.

(Tales of a grandfather, being stories taken from Scottish history, etc.)

HISTOIRE D'ECOSSE

RACONTÉE

PAR UN GRAND-PÈRE

A SON PETIT-FILS.

(𝕿ales of a grandfather, being stories taken from Scottish history, etc.)

CHAPITRE XXVII.

RETOUR DE LA REINE MARIE EN ÉCOSSE. — HEUREUX COMMENCEMENS DE SON RÈGNE. — EXPÉDITION CONTRE HUNTLY. — NÉGOCIATIONS AVEC ÉLISABETH POUR UN SECOND MARIAGE. — MARIE ÉPOUSE DARNLEY.

MARIE STUART, reine douairière de France et reine héréditaire d'Écosse, était, sans exception, la femme la plus belle et la plus accomplie de son temps. Sa physionomie était séduisante ; elle était grande, bien faite, et tous ses mouvemens étaient pleins de grace ; elle excellait dans l'art de la danse et de l'équitation, et possédait tous les talens de son sexe qui étaient à la mode à cette époque. Son éducation avait été très-soignée en France, et elle avait profité de toutes les occasions de s'instruire qu'elle avait trouvées. Elle parlait plusieurs langues, et s'entendait à l'administration, pour laquelle son mari avait souvent profité de ses conseils. La beauté de Marie était encore rehaussée par une grande affabilité, et par sa bonne humeur et sa gaieté, qu'elle portait quelquefois jusqu'à l'excès. Sa jeunesse car elle n'avait que dix-huit ans lorsqu'elle revint e Écosse, augmentait la vivacité de son caractère. La reli gion catholique, dans laquelle elle avait été sévèremen élevée, était une grande tache aux yeux de son peuple mais, à tout prendre, les Écossais attendaient son retou avec plus de joie et d'espérance que Marie elle-mêm n'en éprouvait à l'idée d'échanger le beau ciel de Franc et les plaisirs de sa cour, contre l'âpre climat et la poli tique turbulente de son pays natal.

Marie s'embarqua pour quitter la France le 15 août 1561 La flotte anglaise était en mer, et on a lieu de croir qu'elle avait l'intention de s'emparer de la reine d'É cosse, comme d'une voisine dont le retour était appr´ hendé par Élisabeth. Occupée de tristes pressentimens la reine resta sur le pont à contempler les côtes d France. Le matin la retrouva à la même place, et lors qu'elles s'évanouirent à ses yeux, elle s'écria : — Adie adieu ! heureuse France, je ne te reverrai plus !

Elle passa la flotte anglaise à la faveur d'un épais brouillard, et elle arriva le 20 août à Leith, où rien n'avait été préparé pour la recevoir. Les nobles qui se trouvaient dans la capitale se hâtèrent d'aller à sa rencontre et de la conduire à Holyrood, palais de ses ancêtres. Des chevaux furent envoyés pour l'amener à Édimbourg, ainsi que sa suite; mais c'étaient de misérables bidets dont les harnois tombaient en lambeaux, et la pauvre Marie ne put s'empêcher de verser des larmes en pensant aux beaux palefrois et aux riches appartemens de la cour de France. Cependant le peuple qu'elle rencontra sur son passage parut enchanté de la voir, et environ deux cents bourgeois d'Édimbourg jouèrent toute la nuit sous sa fenêtre sur de mauvais violons à trois cordes, comme pour lui souhaiter la bienvenue; sérénade bruyante qui l'empêcha de goûter un sommeil dont elle sentait le besoin après tant de fatigues. Néanmoins elle ne les jugea que sur l'intention, et exprima tous ses remerciemens aux auteurs de ce concert, dont l'exécution était aussi pitoyable que le moment en était mal choisi.

Immédiatement après son arrivée, Marie eut un échantillon du zèle religieux de ses sujets réformés. Elle avait ordonné que la messe fût célébrée dans sa chapelle par un prêtre catholique; mais l'indignation du peuple en fut si vivement excitée, que sans l'intervention de son frère naturel, qu'elle venait de nommer prieur de Saint-André, le pauvre ecclésiastique aurait été massacré sur l'autel même.

Marie se conduisit avec une prudence admirable au

commencement de son règne. Elle captiva entièrement le peuple par sa grace et son affabilité, et lorsqu'elle siégeait dans le conseil, occupée ordinairement de quelque ouvrage de son sexe, sa sagesse était admirée de tous les hommes d'état qu'elle consultait. Elle avait grand soin de ne rien entreprendre de contraire à la religion nouvelle, quoique cette religion ne fût pas la sienne, et se conduisant d'après les conseils du prieur de Saint-André et du sage Maitland, elle fit des progrès rapides dans l'affection des Écossais. Elle donna au prieur le comté de Mar.

Avec la même prudence, la reine s'attacha à mettre toujours les procédés de son côté dans ses relations avec Élisabeth, et tout en refusant d'abandonner ses droits à la couronne d'Angleterre, au cas où Élisabeth mourrait sans enfans, elle ne cessait d'exprimer son vif désir de vivre en parfaite intelligence avec sa sœur, et sa ferme résolution de ne jamais réclamer, pendant la vie de la reine, un héritage qu'elle ne pourrait posséder qu'à son préjudice. Si Élisabeth n'était pas satisfaite, du moins elle n'en laissait rien voir; toutes les apparences de l'amitié continuèrent à régner entre les deux reines; et un échange de lettres, de complimens, et même parfois de présens, tels qu'il convenait à des reines d'en envoyer, semblait prouver leur bon accord.

Mais il y avait une classe importante de personnes à qui la religion de Marie était si importune, que rien ne fut capable de lui concilier leur affection. C'étaient les prédicateurs de la réforme, qui, se rappelant que

Marie descendait de la famille de Guise, l'ennemie jurée de la cause protestante, déclamaient contre la reine, jusque dans la chaire, avec une violence aussi indécente que déplacée, et ne parlaient jamais d'elle que comme d'une personne endurcie dans la résistance à la voix du véritable christianisme. John Knox lui-même se permit dans ses sermons des diatribes si sévères, que la reine le fit appeler pour lui parler elle-même et l'exhorter à être un peu plus modéré dans l'accomplissement de ses devoirs (1). Néanmoins, quoique le langage de ces austères réformateurs fût trop véhément, et que leur aigreur fût impolitique et tendît nécessairement à augmenter l'éloignement de Marie pour eux et pour leurs doctrines, il faut avouer que leurs soupçons sur la sincérité de la reine étaient naturels et probablement bien fondés. Elle avait constamment refusé de ratifier le système religieux adopté par le parlement en 1560, ainsi que la confiscation des biens du clergé. Elle semblait toujours considérer l'état actuel des choses comme un arrangement temporaire, auquel elle voulait bien, à la vérité, se soumettre pour le moment, mais en se réservant de le changer lorsqu'elle en trouverait l'occasion favorable. Cependant son frère, le nouveau comte de Mar, qui était alors son conseiller principal et son meilleur ami, employait en sa faveur toute son influence sur le clergé protestant, et pendant plus d'un an il régna même à ce sujet quelque froideur entre John Knox et lui.

(1) John Knox fut si dur dans ses réponses, qu'il attacha des larmes aux yeux de Marie. — Ed

La première affaire désagréable qui troubla la tranquillité du règne de Marie paraît avoir été causée par son attachement à lord Jacques Stuart et à ses intérêts. Elle l'avait créé comte de Mar, comme je vous l'ai dit; mais elle avait l'intention de substituer à ce titre celui de comte de Murray, et de lui donner en même temps une partie des grands biens dépendant de ce comté septentrional, qui appartenaient à la couronne depuis l'extinction des héritiers du fameux Thomas Randolph, qui en jouissait sous le règne du grand Robert Bruce.

Cet échange toutefois ne pouvait se faire sans offenser beaucoup le comte de Huntly, chef de la plus puissante famille du nord, qui s'était mis lui-même en possession d'une grande partie des domaines dépendant du comté de Murray. Ce comte de Huntly était un homme brave, et son pouvoir était très-étendu dans les comtés du nord. Il faisait partie du petit nombre de pairs qui restaient attachés à la religion catholique, et après la famille des Hamiltons personne n'était allié de plus près que lui à la famille royale.

On disait que si la reine, au lieu d'arriver à Leith, avait voulu débarquer à Aberdeen, et qu'elle eût déclaré hautement qu'elle était décidée à rétablir la religion catholique, le comte lui avait offert de se joindre à elle avec vingt mille hommes pour la soutenir et seconder ses projets. Mais Marie avait refusé sa proposition, dont la conséquence immédiate eût été la guerre civile. Le comte de Huntly était donc regardé comme l'ennemi du gouvernement actuel et du comte de Mar, qui tenait le timon des affaires, et il était à croire que puissant comme il l'était, et ayant à ses ordres un corps nombreux de vassaux et de partisans, il ne céderait pas volontairement à son ennemi politique la moindre partie des domaines dépendant du comté de Murray, dont il avait joui jusqu'alors.

De son côté, le comte de Mar était décidé à briser la puissance de ce redoutable adversaire; et la reine, qui craignait aussi le pouvoir de Huntly et l'usage qu'il semblait décidé à en faire, entreprit un voyage dans le nord de l'Ecosse, pour donner par sa présence plus de force à ses ordres. Vers le même temps, sir John Gordon, fils du comte de Huntly, commit quelques abus de pouvoir, et fut condamné à un emprisonnement temporaire. Cette punition, quoique légère, parut une nouvelle preuve de disgrace pour la maison de Gordon, et rendit plus probable la résistance qu'on craignait de sa part. Il est difficile et même impossible de décider si c'était avec raison qu'on soupçonnait Huntly de vouloir prendre les armes contre la couronne; mais sa conduite était, pour le moins, imprudente et suspecte.

La jeune reine s'avança vers le nord à la tête d'une petite armée, campant au milieu des champs, ou acceptant le chétif abri que pouvaient lui offrir les maisons des petits gentilshommes campagnards. Cette manière de voyager éveilla son courage naturel, et telle était son ardeur en marchant à la tête de ses soldats, qu'elle ne cessait de regretter de ne pas être un homme, pour dormir toute la nuit à la belle étoile, porter une cotte de mailles et un casque d'acier, un bon bouclier au bras, et une large épée au côté.

Huntly paraît avoir été très-surpris de l'arrivée de sa souveraine, et n'avoir su dans le premier moment quel parti il devait prendre. Tandis qu'il faisait toutes les protestations possibles de soumission, et qu'il tâchait d'engager la reine à visiter la maison du plus dévoué de ses sujets, un corps de ses adhérens refusait à Marie l'entrée du château royal d'Inverness, et cherchait à défendre cette forteresse. Mais ils furent forcés de se rendre, et le gouverneur fut exécuté comme coupable de haute trahison.

Dans le même temps, sir John Gordon s'échappa de la prison où la reine l'avait fait renfermer, et se mit à la tête des vassaux de son père, qui se montraient alors de tous les côtés; et le comte de Huntly, considérant la reine comme sous la tutelle du comte de Mar, son ennemi, qui la gouvernait entièrement, leva enfin l'étendard de la révolte.

Il rassembla facilement une armée considérable, et s'avança vers Aberdeen. Le but de son entreprise était peut-être le même que celui que Buccleuch s'était proposé dans les plaines de Melrose, celui d'attaquer plutôt les conseillers de la reine que la reine elle-même. Mais le frère de Marie, qui avait alors quitté son titre de comte de Mar pour prendre celui de comte de Murray, était aussi brave et fut aussi heureux que le comte d'Angus l'avait été dans l'occasion dont nous parlons, et de plus il avait sur lui l'avantage de jouir de la confiance de sa souveraine. Il se trouvait cependant dans une position bien difficile. Les hommes sur lesquels il pouvait compter avec certitude étaient peu nombreux, puisque ce n'était que la petite armée qu'il avait amenée des comtés de l'intérieur. Il avait, il est vrai, convoqué les barons du nord, dont les domaines étaient voisins des siens, et aucun n'avait manqué à l'appel; mais leurs intentions étaient au moins douteuses, et, redoutant beaucoup la maison de Gordon, ils étaient venus avec la résolution secrète de se laisser guider par les circonstances.

Murray, qui était un excellent militaire, posta les hommes dont il était sûr au sommet d'une éminence nommée la montagne de Fare, près de Corrichie. Il ne permit pas aux clans du nord de se mêler à ce bataillon choisi : l'événement prouva la sagesse de cette précaution. Huntly approcha, et rencontra les clans du nord, ses alliés et ses voisins, qui ne lui opposèrent que peu ou point de résistance. Ils se mirent à fuir en tumulte vers le corps principal de Murray, poursuivis par les Gordons, qui jetèrent leurs lances, tirèrent leurs épées, et s'avancèrent en désordre comme si la victoire était certaine. Ce fut dans cet état de confusion qu'ils se jetèrent sur le bataillon de lanciers de Murray, qui reçut l'attaque de pied ferme et avec une résolution intrépide. Les Gordons furent repoussés à leur tour, et les clans qui avaient fui d'abord, voyant qu'ils allaient perdre la bataille, revinrent portant à leurs toques les branches de bruyères qui les distinguaient, tombèrent sur les Gordons, et complétèrent la victoire de Murray. Huntly, qui était très-gros et pesamment armé, tomba de cheval dans la retraite, et fut écrasé sous les pieds des chevaux, ou, suivant d'autres, mourut de désespoir. Cette bataille fut livrée le 20 octobre 1562. Le corps de celui que, peu de jours auparavant, on regardait comme un des hommes les plus braves, les plus sages et les plus puissans de l'Écosse, fut apporté dans une cour de justice, grossièrement enveloppé dans une couverture de mauvaise toile, afin que la sentence encourue par un traître fût prononcée sur ces restes insensibles.

Sir John Gordon, le fils du comte vaincu, eut la tête tranchée à Aberdeen, trois jours après la bataille. Murray fut mis en possession des domaines appartenant à son nouveau comté, et la reine partit après avoir, par l'activité de ses mesures et le succès de ses armes, frappé d'une terreur générale ceux des barons qui auraient pu songer à lui résister.

Jusque-là le règne de Marie avait été très-heureux; mais une crise fatale approchait qui devait par suite la plonger dans les plus affreux malheurs. Elle n'avait point d'enfans de son premier mari, le roi de France; les Écossais désiraient qu'elle en prît un second, et c'était un désir qu'elle partageait elle-même. Il était nécessaire, ou au moins politique, de consulter la reine Élisabeth sur ce projet. Cette princesse avait déclaré son intention de ne se marier jamais; et si elle tenait cette résolution, Marie Stuart était la plus proche héritière de la couronne d'Angleterre. Avec la perspective d'un si bel héritage, il était prudent et naturel que pour former de nouveaux liens, Marie désirât les conseils et l'approbation d'une reine à qui elle ou ses enfans pouvaient espérer de succéder, surtout si la bonne intelligence continuait à régner entre elles.

Élisabeth d'Angleterre était une des reines les plus prudentes qui soient jamais montées sur le trône; et les Anglais portent encore aujourd'hui à sa mémoire le respect et l'attachement qu'elle mérite. Mais toute sa conduite envers sa sœur Marie fut empreinte, d'un bout à l'autre, d'un caractère de fausseté et de jalousie, tout-à-fait indigne de son caractère. Déterminée à ne point se marier, son désir paraît avoir été d'empêcher aussi Marie de prendre un époux, de peur de voir naître des enfans qui ne seraient point les siens, et qui cependant seraient prêts à monter sur son trône aussitôt après sa mort. Elle adopta donc une basse et astucieuse politique, engageant successivement sa parente à conclure divers mariages, puis lui suscitant des obstacles dès que l'une de ces alliances semblait au moment de s'accomplir. D'abord elle parut désirer que Marie épousât le comte de Leicester, jeune seigneur de sa cour, dont elle admirait tant la beauté, que, quoiqu'il ne fût distingué ni par ses talens, ni par son caractère, elle disait que, sans le vœu qu'elle avait fait de ne jamais se marier, elle l'aurait choisi elle-même pour époux. On peut croire aisément qu'Élisabeth n'avait nullement l'intention que le mariage qu'elle proposait s'effectuât jamais, et que si Marie se fût montrée le moins du monde disposée à s'unir à Leicester, Élisabeth aurait trouvé mille moyens pour rompre cette alliance.

Mais cette proposition ne convint en aucune manière à la reine Marie. Leicester, quand même son mérite personnel eût été beaucoup plus grand, était d'un rang trop inférieur pour prétendre à la main d'une reine d'Ecosse, reine douairière de France, à qui les plus puissans monarques de l'Europe faisaient en même temps la cour.

L'archiduc Charles, troisième fils de l'empereur d'Allemagne, lui était proposé, ainsi que le prince héréditaire d'Espagne; le duc d'Anjou, qui devint ensuite Henri III roi de France, se mit aussi sur les rangs. Mais si Marie avait accepté la main d'un prince étranger, c'eût été renoncer à tout espoir de succéder jamais à la couronne d'Angleterre; bien plus encore, avec le caractère défiant et jaloux de ses sujets protestans, c'eût été compromettre peut-être la possession de celle qu'elle portait en Écosse. Ces considérations la frappèrent tellement, qu'elle alla jusqu'à faire entendre qu'elle pourrait consentir à épouser le comte de Leicester, pourvu qu'Élisabeth voulût la reconnaître publiquement pour son héritière au trône d'Angleterre, dans le cas où elle mourrait sans enfans. Mais cela n'entrait pas dans la politique d'Élisabeth; elle ne désirait point que Marie épousât personne, et encore moins Leicester, son favori personnel; il n'était donc pas probable qu'elle déclarât ses sentimens sur la succession à la couronne (sujet sur lequel elle avait toujours observé le plus mystérieux

MARIAGE DE MARIE AVEC DARNLEY.

silence), afin d'amener l'union de sa rivale avec l'homme qu'elle-même préférait.

Pendant ce temps, les vues de la reine Marie se portèrent sur un jeune seigneur de haute naissance, allié de très-près à sa famille et à celle d'Élisabeth. C'était Henry Stuart, lord Darnley, fils aîné du comte de Lennox. Vous pouvez vous rappeler qu'après la bataille de Flodden, le comte d'Angus épousa la reine douairière d'Écosse, et que dans les troubles qui suivirent il fut forcé de se retirer quelque temps à Londres. Pendant le séjour d'Angus en Angleterre, sa femme lui donna une fille, appelée lady Marguerite Douglas, qui, lorsque ses parens retournèrent en Écosse, continua de rester à la cour d'Angleterre, sous la protection du roi Henry, son oncle. Rappelez vous aussi que, pendant la régence du duc de Châtelherault, le comte de Lennox essaya de se mettre à la tête du parti anglais en Écosse; mais que n'ayant pu réussir, faute de ressources ou de talens, il fut aussi forcé de se retirer en Angleterre, où Henry VIII, en reconnaissance de ses services, tout infructueux qu'ils avaient été, lui accorda la main de sa nièce, lady Marguerite Douglas, qui par sa mère avait des droits à la couronne d'Angleterre.

Le père du jeune lord Darnley étant d'un rang si élevé, et sa famille étant si près des degrés du trône, Marie s'imagina qu'en l'épousant elle satisferait les désirs d'Élisabeth, qui semblait lui faire entendre, quoique d'une manière ambiguë, que ce qui lui plairait davantage serait de lui voir choisir un Anglais, plutôt qu'aucun des monarques qui briguaient sa main. Élisabeth parut recevoir cette proposition favorablement, et elle permit au comte de Lennox et à son fils de se rendre à la cour d'Écosse, dans l'espoir que leur présence ne ferait qu'embrouiller les affaires, et pensant que, si ce mariage paraissait s'arranger, elle le romprait aisément en les rappelant près d'elle, ordre auquel elle supposait qu'ils n'oseraient point désobéir, puisque tous leurs biens et toute leur fortune etaient en Angleterre.

Le jeune Darnley était d'une taille et d'une beauté remarquables; il avait toutes les qualités extérieures les plus brillantes, mais malheureusement il était dépourvu de sagacité, de prudence et de force de caractère, et quoique très-violent dans ses passions, il ne montrait qu'un courage équivoque. Si ce jeune seigneur avait possédé une part ordinaire de bon sens, ou même de reconnaissance, nous aurions une autre histoire à vous raconter du règne de Marie; mais avec le caractère qu'il avait, vous en entendrez une bien triste et bien déplorable. Marie eut le malheur de voir Darnley d'un œil favorable, et hésita d'autant moins à céder à son penchant, qu'il lui tardait de mettre fin aux intrigues par lesquelles Élisabeth s'efforçait de la circonvenir pour empêcher son mariage. Il est certain que, tandis que les deux reines employaient l'une envers l'autre le langage de la plus tendre cordialité, il n'y avait entre elles ni franchise ni sincérité, mais beaucoup de dissimulation, d'envie et de crainte.

Darnley, pendant ce temps, cherchant à augmenter

l'intérêt qu'il avait inspiré à la reine, eut recours à l'amitié d'un homme de basse naissance à la vérité, mais qu'on disait exercer une influence particulière sur l'esprit de Marie. C'était un Italien d'une humble origine, nommé David Rizzio, qui, de simple domestique de la maison de la reine, avait été promu au rang de secrétaire français. Ses talens pour la musique le faisaient admettre souvent en présence de Marie, qui aimait passionnément cet art, et son adresse insinuante lui fit prendre un grand empire sur son esprit. Il était presque indispensable que la reine eût près de sa personne un homme de confiance, unissant à la connaissance des affaires celle des langues vivantes, par l'entremise duquel elle pût correspondre avec les royaumes étrangers, et en particulier avec ses amis de France. Il était impossible de trouver en Écosse quelqu'un qui réunît ces qualités, à moins de prendre un prêtre catholique, qui eût donné bien plus d'ombrage à ses sujets protestans qu'un homme tel que Rizzio. Néanmoins l'élévation d'un Italien, d'un catholique au rang de ministre de la couronne, et plus encore la condescendance de la reine qui l'admit dans sa société intime, et les grands airs que se permit cet étranger de basse naissance, offensèrent l'orgueil des nobles écossais, et firent beaucoup jaser parmi le peuple.

Darnley, désirant gagner l'affection de la reine par tous les moyens possibles, se lia intimement avec Rizzio, qui employa tout l'art de la flatterie pour se mettre dans ses bonnes graces, et l'on ne peut douter qu'il ne l'ait servi efficacement près de Marie. La reine, de son côté, travaillait à écarter les obstacles qui auraient pu s'opposer à son union avec Darnley, et elle le fit avec tant de succès, qu'avec l'approbation de presque tous ses sujets, ils furent mariés à Édimbourg le 29 juillet 1565.

CHAPITRE XXVIII.

RÉVOLTE DE MURRAY. — MEURTRE DE RIZZIO. — NAISSANCE DE JACQUES VI. — MORT DE DARNLEY.

Lorsque Élisabeth apprit que ce mariage était décidé, elle laissa voir toute la faiblesse d'une femme que dévorait la jalousie. Elle fit de vives remontrances contre cette union, quoique au fond Marie n'eût pu faire un choix moins dangereux pour l'Angleterre. Elle rappela Lennox et son fils, mais ils refusèrent ou au moins différèrent d'obéir à cet ordre. Elle fit alors enfermer dans la Tour de Londres la comtesse de Lennox, la seule de la famille qui fût restée en sa puissance. Par-dessus tout, elle tâcha de troubler la tranquillité de l'Écosse et le gouvernement de Marie et de son nouvel époux, en excitant à l'insurrection les nobles écossais qui avaient vu leur mariage avec déplaisir.

Parmi ces mécontens, le comte de Murray, frère de la reine, était sans contredit le plus puissant et le plus habile. Darnley et lui étaient ennemis personnels, et de plus Murray était un des principaux lords de la Congrégation, qui affectaient de voir du danger pour la religion protestante dans le choix que Marie avait fait de Darnley, et dans la rupture que ce choix allait sans doute amener avec l'Angleterre. Murray dressa même un plan pour s'emparer de Darnley, et le mettre à mort ou l'envoyer prisonnier en Angleterre. Dans ce dessein un corps de cavalerie fut placé en embuscade dans un passage étroit, nommé le *Parrot-Well* (Puits du Perroquet) au pied de la montagne de Bennartey, près de Kinross, avec ordre de se saisir de la reine et de Darnley lorsqu'ils reviendraient d'une assemblée des états qui se tenait à Perth. Ils n'échappèrent à ce danger que par une marche forcée commencée de grand matin.

Après le mariage, Murray et ses complices, qui étaient le duc de Châtelherault, Glencairn, Argyle, Rothes, et plusieurs autres, prirent les armes. Dans cette extrémité, la reine appela ses sujets autour d'elle, et l'on put juger de sa popularité par le grand nombre de troupes qui se rendirent à cet appel. Darnley se mit à leur tête, monté sur un superbe cheval, et couvert d'une armure dorée, accompagné de la reine en personne, qui avait des pistolets chargés à l'arçon de sa selle. Incapables de tenir la campagne, Murray et ses complices évitèrent la rencontre de l'armée royale, et prirent tout à coup le chemin d'Édimbourg, où ils espéraient trouver des partisans. Mais les habitans ne voulurent point adopter leur cause, et, le château menaçant de tirer sur eux, les insurgés furent forcés de se retirer, d'abord à Hamilton, puis à Dumfries, et voyant qu'il ne leur restait aucun espoir, les chefs dispersèrent leurs troupes et se retirèrent en Angleterre. Ainsi finit une insurrection qui fut appelée la *Run-about-raid* ou *Ride* (la course en tout sens), à cause de la manière incertaine et précipitée dont les conspirateurs couraient d'un bout du royaume à l'autre.

Élisabeth, qui avait encouragé Murray et ses associés à se révolter contre Marie, ne voulut point paraître avoir été pour rien dans ce complot, lorsqu'elle vit qu'il n'avait pas réussi. Elle ordonna à Murray et à l'abbé de Kilwinning de comparaître devant elle, en présence des ambassadeurs de France et d'Espagne qui l'avaient accusée de fomenter des troubles en Écosse.

— Répondez, s'écria-t-elle, lord de Murray, et vous son compagnon! Avez-vous reçu de moi quelques avis ou quelque encouragement pour votre dernière entreprise? Les exilés, n'osant dire la vérité, s'empressèrent d'assurer, quoique rien ne fût plus faux, qu'ils n'avaient reçu d'elle ni conseil ni assistance. — Vous dites vrai, répondit Élisabeth; car jamais ni moi, ni personne en mon nom, ne vous a excités à la révolte contre votre reine, et c'est un mauvais exemple que vous avez donné à mes sujets et à ceux des autres souverains ; ainsi sortez à l'instant de ma présence, indignes traîtres que vous êtes. Mortifiés et confus, Murray et ses compagnons se retirèrent de nouveau sur la frontière, où la reine Élisabeth, malgré son prétendu ressentiment, leur fit passer en secret tout ce qui leur était nécessaire, jusqu'à ce que le temps leur permit de retourner en Écosse pour y fomenter de nouveaux troubles.

Marie avait su dompter ses sujets rebelles ; mais elle s'aperçut bientôt qu'elle s'était donné un ennemi plus formidable, dans le mari déraisonnable et violent qu'elle avait choisi. Ce jeune inconsidéré se conduisait très-mal à l'égard de Marie, ne la respectant pas plus comme femme que comme reine, et il s'abandonnait journellement à l'ivresse et à d'autres vices aussi honteux. Quoique possédant déjà plus de pouvoir qu'il n'était convenable de lui en accorder à son âge et avec sa capacité, car il n'avait que dix-neuf ans, il ne cessait d'importuner Marie pour obtenir ce qui était appelé, en Écosse, la couronne matrimoniale, c'est-à-dire le partage égal de l'autorité royale avec la reine. Tant qu'il n'obtenait pas cette prérogative, il n'était point roi, quoiqu'on lui en donnât le titre par politesse ; il n'était que le mari de la reine.

La couronne matrimoniale avait été accordée à François II, le premier mari de la reine, et Darnley était décidé à posséder le même rang. Mais Marie, dont la bonté avait déjà surpassé de beaucoup le mérite et la reconnaissance de Darnley, était déterminée à ne pas lui faire cette dernière concession, du moins sans l'avis et le consentement du parlement.

L'impatience puérile de Darnley lui faisait porter une haine mortelle à tout ce qui semblait s'opposer à l'exécution immédiate de ses désirs, et son animosité se tourna surtout contre le secrétaire italien, jadis son ami, mais qu'il regardait maintenant comme son plus grand ennemi, depuis qu'il supposait que Rizzio encourageait la reine à résister à sa fougueuse ambition. Son ressentiment contre le malheureux étranger devint si vif, qu'il menaça de le poignarder de sa propre main; et comme Rizzio avait beaucoup d'ennemis et pas un ami, excepté sa maîtresse, Darnley trouva sans peine des agens, même dans un rang élevé, qui se chargèrent de l'exécution de sa vengeance.

Le chef des complices de Darnley dans cette malheureuse occasion, fut James Douglas, comte de Morton, chancelier du royaume, oncle et tuteur du comte d'Angus (car le représentant de cette famille était alors un enfant), et comme tel, exerçant tout le pouvoir de l'illustre maison de Douglas. C'était un homme qui possédait de grands talens militaires et politiques; mais quoiqu'il affichât une grande austérité de principes, ses actions prouvent que c'était un misérable qui ne connaissait aucun scrupule. Quoique chancelier du royaume, et par conséquent plus obligé qu'aucun autre à respecter les lois, il n'hésita pas à seconder le projet cruel et illégal du jeune roi. Lord Ruthven, homme dont la constitution était énervée par la paresse, entreprit cependant de revêtir son armure pour concourir à cet assassinat, et ils n'eurent point de peine à trouver d'autres agens.

Il aurait été facile de se saisir de Rizzio, et de le traiter comme les favoris de Jacques III l'avaient été à Lauder-Bridge par les pairs écossais; mais la vengeance de Darnley n'aurait pas été complète. Il prétendait que la reine montrait plus d'égards pour ce vil Italien que pour lui-même, et il prit la résolution barbare de l'arrêter en sa présence. Ce plan était d'autant plus atroce que Marie était enceinte, et que la frayeur et l'émotion qu'un tel acte de violence devait naturellement exciter en elle pouvait mettre en danger sa vie et celle de son enfant.

Tandis que ce complot infernal se tramait, Rizzio reçut plusieurs avis secrets sur ce qui se passait. Sir James Melleville se donna beaucoup de peine pour lui expliquer le danger que courait un étranger, dans quelque pays que ce fût, lorsqu'il s'élevait assez dans la faveur du prince pour exciter la haine des habitans de ce pays. Un prêtre français, qui était tant soit peu astrologue, l'avertit de se méfier d'un certain bâtard. A ces conseils il répondit que les Écossais étaient plus portés à menacer qu'à frapper, et que, quant au bâtard (c'était du comte de Murray qu'il voulait parler), il aurait soin qu'il ne possédât jamais assez de pouvoir en Écosse pour être en état de lui nuire. Plein de cette imprudente confiance, il resta à la cour pour subir sa destinée.

Les lords qui s'étaient engagés dans la conspiration n'entendaient point satisfaire pour rien le ressentiment de Darnley contre Rizzio. Ils stipulèrent, pour prix de leurs services, qu'il les aiderait à son tour à obtenir le pardon de Murray et de ses complices, pour leur échauffourée de la Run-About-Raid, et un message fut envoyé à ces derniers pour leur apprendre l'entreprise qu'on méditait.

La reine Marie, comme son père Jacques V, était enchantée lorsque, laissant de côté tout l'appareil de la royauté, elle pouvait oublier les embarras inséparables des grandeurs, dans de petites parties familières, gaies et paisibles, comme elle les appelait elle-même. Dans ces occasions, elle admettait à sa table ceux des officiers de sa maison qu'elle préférait, et il paraît que Rizzio avait souvent cet honneur. Le 9 mars 1566, six personnes avaient soupé dans un petit cabinet dont la seule porte donnait dans la chambre à coucher de la reine, et Rizzio était du nombre. A sept heures environ dans la soirée, les portes du palais furent envahies par Morton, à la tête de deux cents hommes ; et un certain nombre de conspirateurs, conduits par Darnley lui-même, pénétrèrent dans l'appartement de la reine par un escalier dérobé. Darnley entra le premier dans le cabinet, et resta quelques minutes muet et immobile, jetant de sombres regards sur sa victime. Lord Ruthven le suivait armé de pied en cap, ayant une figure livide et cadavéreuse, comme un homme qui sort d'une longue maladie. Les autres entrèrent après eux, jusqu'à ce que le petit cabinet fût rempli d'hommes armés.

Tandis que la reine leur demandait le sujet de cette visite, Rizzio, qui vit que ses jours étaient menacés, se retira derrière elle, et s'attacha avec force aux plis de sa robe, espérant que le respect dû à son auguste maîtresse pourrait le protéger. Les assassins renversèrent la table et s'emparèrent du malheureux objet de leur vengeance, tandis que Darnley tenait lui-même la reine. Leur intention était sans doute de traîner Rizzio hors de la présence de Marie, et de le tuer autre part, mais leur féroce impatience ne leur permit pas de différer un instant leur lâche homicide. Georges Douglas, appelé le Postulant d'Arbroath, frère naturel du comte de Morton, donna l'exemple en arrachant le poignard que Darnley portait à sa ceinture, et en frappa Rizzio, qui reçut presque en même temps plusieurs autres coups. Ils le traînèrent alors à travers la chambre à coucher et l'anti-chambre, et l'achevèrent au haut de l'escalier, où il tomba percé de cinquante-six coups de poignard. Dès que tout fut fini, Ruthven, fatigué d'un exercice si violent pour lui, se jeta dans un fauteuil en présence de la reine, et demanda un verre de vin pour se rafraîchir, comme s'il eût fait l'action du monde la plus innocente.

Les témoins, les acteurs et le théâtre de cette cruelle tragédie, la rendent une des scènes les plus extraordinaires que l'histoire nous ait transmises. Le cabinet et la chambre à coucher sont encore dans le même état où ils étaient alors; et le plancher, près de l'escalier dérobé, porte des traces visibles du sang du malheureux

Rizzio (1) La reine continuait à demander sa grace avec de vives instances et les yeux baignés de larmes; mais lorsqu'elle apprit qu'il était mort, elle essuya ses pleurs. — Je vais maintenant, dit-elle, méditer ma vengeance.

Les conspirateurs, qui n'avaient commis cette action cruelle qu'à l'instigation de Darnley, se croyaient sûrs de sa protection. Ils se joignirent à Murray et à ses complices, qui s'empressèrent d'arriver d'Angleterre, d'après le rendez-vous qu'on leur avait donné, et ils convinrent ensemble des mesures qu'il y avait à prendre. Leur avis était que la reine fût enfermée dans le château d'Édimbourg ou ailleurs, et que Murray et Morton gouvernassent l'état sous le nom de Darnley, à qui l'on donnerait la couronne matrimoniale qu'il désirait si vivement. Mais tout ce plan fut détruit par la défection de Darnley. Aussi léger que violent, et aussi pusillanime qu'il s'était montré cruel, à peine Rizzio fut-il mort,

(1) Nous avons vu comme tous les voyageurs ces traces d'un sang ineffaçable dans le palais d'Holyrood, et nous ne saurions mieux faire pour rendre nos sensations que d'emprunter ici une page à M. Charles Nodier: « Je n'ai rien vu de pareil à ce théâtre d'une
« des sanglantes tragédies de l'histoire moderne, avec toutes ses
« décorations, jusqu'à celle du sang, qui est resté là sans s'effacer,
« comme celui de Duncan sur les doigts de lady Macbeth. Il est à
« remarquer qu'il n'y a rien de plus difficile à effacer que le sang,
« c'est le témoignage qui s'élève toujours contre le meurtre: sur
« cent accusations d'homicide il n'y en a pas une seule où il ne
« serve d'indice. Il est cru même devant l'histoire et la postérité.
« Les planchers d'Holyrood ont bu le sang de David Rizzio dans
« toute leur profondeur. On ne le lavera plus. » *Promenade en Écosse*, pag. 142. — Éd.

que Darnley fut épouvanté de ce qu'on avait fait, et très-disposé à nier qu'il y eût la moindre part.

Trouvant son faible mari partagé entre le remords et la crainte, Marie eut assez d'empire sur lui pour le décider à se réunir à elle contre les mêmes personnes qu'il avait engagées à commettre ce crime. Darnley et Marie s'échappèrent ensemble du palais d'Holyrood, et se rendirent à Dunbar, d'où la reine publia une proclamation qui rassembla bientôt autour d'elle un grand nombre de fidèles sujets. Ce fut alors le tour des conspirateurs de trembler. Afin d'assurer sa victoire en les privant de leurs auxiliaires, Marie pardonna au comte de Murray et à tous ceux qui étaient compromis dans la Run-About-Raid, les regardant comme bien moins coupables que les assassins de Rizzio. Murray, Glencairn et les autres rentrèrent donc en grace, tandis que Morton et ses complices s'enfuirent à leur tour en Angleterre. Aucun Écossais, quel que fût son crime, n'y cherchait un refuge sans être sûr d'y trouver, sinon une protection déclarée, du moins quelque assistance secrète. Telle fut la politique constante d'Élisabeth.

La reine Marie se trouvait encore une fois en possession de l'autorité; mais le calme dont elle aurait pu jouir était sans cesse troublé par la conduite extravagante de son mari, dont l'absurdité et l'insolence n'étaient pas diminuées par les conséquences qu'avaient eues la mort de Rizzio; de sorte que la plus grande mésintelligence continuait à régner entre ces deux époux, quoiqu'elle fût cachée sous une réconciliation apparente.

Le 19 juin 1566, Marie accoucha d'un fils, qui fut ensuite Jacques VI. Lorsque la nouvelle de cet événement arriva à Londres, la reine Élisabeth s'amusait gaiement à danser; mais dès qu'elle apprit ce qui était arrivé, elle quitta la danse, se jeta sur une chaise, se cacha la figure dans ses deux mains, et s'écria d'un ton de colère aux dames d'honneur qui l'entouraient : » N'entendez-vous pas que la reine d'Écosse a un beau garçon? Et moi je ne suis qu'une souche stérile ! » Mais le lendemain matin elle avait repris assez de pouvoir sur elle-même pour conserver tous les dehors de l'aménité et de la bienveillance; elle fit à l'ambassadeur écossais l'accueil le plus gracieux, et accepta avec de vifs remerciemens le titre de marraine du jeune prince, qu'il lui offrit au nom de la reine Marie.

Après avoir célébré de la manière la plus splendide le baptême de l'héritier de la couronne, Marie appliqua tous ses soins à apaiser les dissensions qui éclataient souvent parmi la noblesse; et sacrifiant elle-même son juste ressentiment, elle poussa de son côté la condescendance jusqu'à pardonner aux assassins de Rizzio. Deux hommes de bas étage avaient seuls été exécutés pour ce crime. Lord Ruthven, qui en avait été le principal acteur, était mort en Angleterre, parlant et écrivant sur le meurtre de David Rizzio avec autant de sang-froid que si c'eût été l'action la plus innocente, sinon la plus méritoire. Georges Douglas, qui avait frappé le premier coup, et Ker de Faldonside, autre scélérat qui avait dirigé son pistolet contre le sein de la reine au milieu du tumulte, furent seuls exceptés de l'amnistie générale. Morton et tous les autres purent rentrer en Écosse, pour y comploter de nouvelles trahisons et de nouveaux assassinats.

Nous voici arrivés, mon cher enfant, à une période bien délicate de notre histoire. Les événemens qui suivent, du règne de Marie, sont bien connus ; mais les historiens ne s'accordent ni sur les noms des principaux agens qui les ont amenés, ni sur les motifs qui ont pu les faire agir. Ce fut entre autres, et ce sera probablement long-temps encore le sujet de vives discussions, de décider si la reine Marie prit volontairement part aux événemens tragiques et coupables que je vais raconter ; ou si, ignorant les criminels desseins des autres, elle fut la victime innocente de leur turpitude. Je me bornerai, mon cher enfant, à vous donner l'esquisse des faits qui sont incontestables de l'aveu de tous les partis, vous laissant le soin d'étudier vous-même ce point d'histoire lorsque vous serez plus avancé en âge.

James Hepburn, comte de Bothwell, était un homme de moyen âge, qui pendant plusieurs années avait joué un grand rôle dans ces temps de troubles. Il s'était rangé jadis du côté de la reine régente contre le parti de la réformation, et maintenant on le croyait plutôt attaché à Marie qu'à aucune des factions qui lui étaient opposées. Il était chef de la puissante famille d'Hepburn, et il avait beaucoup d'influence dans le Lothian oriental et dans le comté de Berwick, où l'on trouvait toujours d'excellens soldats. La conduite de Bothwell était déréglée et licencieuse, son ambition aussi effrénée qu'audacieuse; et quoique nous ne trouvions pas dans son histoire beaucoup de traits de courage personnel, il avait dans sa jeunesse la réputation de n'en pas manquer. Il avait couru quelque danger au moment de l'assassinat de Rizzio, son respect pour la reine ayant fait soupçonner aux conspirateurs qu'il aurait voulu empêcher qu'on ne fît un affront aussi sensible à sa personne et à son autorité. Comme le comte de Bothwell montrait un grand zèle pour sa cause, Marie était naturellement portée à l'avancer à la cour; au point que beaucoup de personnes, et particulièrement les prédicateurs de la religion réformée, pensaient qu'elle admettait dans une trop grande intimité un homme d'un caractère si farouche et de mœurs si dissolues, et la voix publique accusait la reine d'être plus attachée à Bothwell qu'elle ne l'aurait dû, puisqu'il était marié et qu'elle l'était également.

Une démarche irréfléchie de la part de Marie parut confirmer ce soupçon. Bothwell, parmi plusieurs autres places importantes, était lord Gardien de toutes les marches, et il habitait le château de l'Hermitage, forteresse royale attachée à cet emploi, afin de réprimer les désordres qui se commettaient sur les frontières. Dans le mois d'octobre 1566, voulant s'emparer lui-même d'un malfaiteur nommé John Elliot du Parc, il fut grièvement blessé à la main. La reine, qui tenait alors une cour de justice à Jedburgh, traversa les bois, les marais et les rivières pour aller rendre visite au Gardien blessé, et quoique la distance fût de vingt milles d'Angleterre, elle alla au château de l'Hermitage et en revint dans la même journée. Cette excursion pouvait n'avoir pour cause que le désir de Marie d'apprendre les particularités d'un si grand outrage fait à son lieutenant; mais tous ses ennemis, et le nombre en était grand, ne manquèrent pas de présenter cette démarche comme la preuve de sa sollicitude pour les jours de son amant.

Pendant ce temps, les dissensions entre Darnley et la reine allaient toujours en croissant. Elle ne pouvait plus aimer un homme qui lui avait attiré tant de querelles et d'affronts, et qui avait eu tant de part à la mort de Rizzio; et ceux qu'il avait entraînés à commettre ce crime le regardaient comme un misérable sans cœur, sans courage, qui, après leur avoir mis les armes à la main et les avoir engagés à frapper un coup si audacieux, les avait ensuite trahis et abandonnés. La conduite qu'il avait tenue depuis cette époque prouvait qu'il n'avait gagné ni du côté du bon sens, ni de celui de l'esprit. Il prétendait qu'il allait quitter le royaume, et cette extravagance et tous ses autres caprices lui aliénèrent tellement l'esprit de la reine, que les nobles intrigans et sans scrupule qui l'entouraient s'imaginèrent qu'il serait très-agréable à Marie d'être délivrée des nœuds qui l'enchaînaient à un jeune insensé, dont elle avait trop long-temps souffert les vices et les folies.

Le premier projet qui fut formé fut de faire prononcer le divorce entre elle et Darnley. Bothwell, Maitland et Morton s'unirent, dit-on, pour presser la reine, qui habitait alors le château de Craigmillar près d'Édimbourg, d'adopter cette mesure; mais elle la rejeta avec fermeté. Une conspiration d'une nature plus sinistre se forma alors pour assassiner le malheureux Darnley; et il paraît que Bothwell ne doutait pas que Marie, dès qu'elle serait débarrassée d'un époux si méprisable, ne le choisît pour lui succéder. Il parla au comte de Morton du projet de se défaire de Darnley, et le lui peignit comme une entreprise qui avait l'approbation de la reine; mais Morton refusa de se mêler d'une affaire si délicate, à moins d'en recevoir l'ordre exprès de la main de Marie. Bothwell lui promit de lui procurer cette garantie, mais il ne tint point sa parole; Morton l'avoua au moment de la mort. Lorsque le prêtre qui reçut sa confession lui demanda pourquoi il n'avait pas empêché le meurtre en dévoilant la conspiration, il répondit: — Il n'y avait personne à qui j'eusse pu faire cette révélation en sûreté; la reine était du complot, et si j'avais averti Darnley, sa folie était si grande que je suis certain qu'il m'aurait trahi près de la reine, et ma perte eût été certaine. — Mais quoiqu'il ne voulût rien avouer de plus que ce que je viens de vous dire, on suppose toujours que Morton était un des conspirateurs, et on crut généralement qu'un de ses parens, connu par son audace et par ses débauches, nommé Archibald Douglas, ministre de Glascow, fut l'un des assassins directs. Tandis que ces soupçons planaient sur Morton, il n'avait, lui, aucune raison de croire Marie coupable, excepté ce que lui dit Bothwell; encore avoue-t-il que jamais ce dernier ne lui montra aucun ordre de la main de la reine, quoiqu'il le lui eût positivement promis. Il paraît probable que Maitland de Lethington connaissait aussi ce fatal et criminel secret. Morton et lui cependant étaient deux hommes d'une grande sagacité; ils prévirent que l'action sanguinaire que méditait Bothwell le rendrait odieux à la nation, et que peut-être la haine publique n'épargnerait même pas la reine; et ils résolurent de le laisser achever cette œuvre d'iniquité, dans l'espoir qu'elle le conduirait promptement à sa perte, et qu'ils pourraient parvenir au pouvoir suprême.

Tandis que ces plans se tramaient contre sa vie, Darnley tomba malade à Glascow, et la petite vérole se déclara. La reine lui envoya son médecin; peu de temps après elle se rendit près de lui, et une réconciliation apparente eut lieu entre eux. Ils revinrent ensemble à Édimbourg le 31 janvier 1566-67. Le roi fut logé dans une maison religieuse appelée l'Église-des-Champs (*the Kirk of Field*), en dehors des murs de la ville. La reine et son fils allèrent habiter le palais d'Holyrood, de crainte que l'enfant ne gagnât la petite vérole; mais Marie était remplie d'attentions pour son mari; elle venait le voir très-souvent, et ils ne parurent jamais mieux ensemble qu'au moment où la conspiration contre la vie de Darnley était sur le point d'être exécutée. Il habitait avec son valet de chambre un corps de logis séparé de tous les autres, lorsque les mesures furent prises pour le faire périr de cette horrible manière :

Dans la soirée du 9 février, plusieurs personnes, parens, vassaux et domestiques du comte de Bothwell, vinrent en secret à l'Église-des-Champs. Ils apportèrent une grande quantité de poudre, et, par le moyen de fausses clefs, ils pénétrèrent dans les caves, et y déposèrent la poudre sous l'appartement de Darnley, et particulièrement sous l'endroit où son lit était placé. Vers deux heures du matin, Bothwell, caché sous un grand manteau, arriva pour surveiller l'exécution de son cruel projet. Deux de ses affidés entrèrent dans la maison, et mirent le feu à une longue mèche disposée de manière à brûler lentement, et dont l'autre bout était placé au milieu de la poudre. Ils attendirent quelque temps la réussite de leur machine infernale, et Bothwell devint si impatient, qu'on eut beaucoup de peine à l'empêcher d'entrer dans la maison pour voir si quelque accident n'avait pas éteint la mèche. Un de ses complices, en regardant par un soupirail, l'assura qu'elle brûlait toujours. Un instant après l'explosion eut lieu ; elle fit sauter l'Église-des-Champs, et jeta l'alarme dans toute la ville. Le corps de Darnley fut trouvé dans un verger voisin. Le lit dans lequel il était couché l'avait préservé de l'action du feu, ce qui fit croire généralement qu'il avait été étranglé, ainsi que son valet de chambre, qu'on avait trouvé à quelques pas de lui, et que leurs corps avaient été emportés avant l'explosion ; mais c'était une erreur : il est prouvé jusqu'à l'évidence, par le témoignage de tous ceux qui furent présens à la catastrophe, qu'on n'employa point d'autre moyen que la poudre, mode de destruction assez puissant pour rendre les autres inutiles (1).

(1) Voyez les dissertations de Malcolm Laing sur cet événement, dans son Histoire d'Écosse, *History of Scotland*, tom. I et II. —
ÉD.

CHAPITRE XXIX.

MARIAGE DE MARIE ET DE BOTHWELL. — MARIE SE REND AUX LORDS CONFÉDÉRÉS A CARBERRY. — SON EMPRISONNEMENT DANS LE CHATEAU DE LOCHLEVEN, ET SON ÉVASION. — BATAILLE DE LANGSIDE ET FUITE DE MARIE EN ANGLETERRE. — CONDUITE INJUSTE D'ÉLISABETH ENVERS LA REINE D'ÉCOSSE. — RÉGENCE ET MEURTRE DE MURRAY. — GUERRES CIVILES EN ÉCOSSE. — RÉGENCE DE MORTON. — SON PROCÈS ET SON EXÉCUTION. — AFFAIRE DE RUTHVEN. — JACQUES VI SE LAISSE DIRIGER PAR STUART, COMTE D'ARRAN. — DISGRACE ET MORT DE CE FAVORI.

L'HORRIBLE assassinat du malheureux Darnley excita les plus violens soupçons et le plus grand mécontentement à Édimbourg et dans tout le royaume. L'opinion publique désignait Bothwell comme l'auteur du meurtre;

et comme il continuait à jouir de la faveur de Marie, la réputation de cette dernière ne fut pas épargnée. Elle n'avait qu'un seul moyen de recouvrer sa popularité, c'était de mettre Bothwell en jugement, c'était surtout d'ordonner que le procès fût public et impartial. Le procès fut public en effet, mais on eut soin que toutes les circonstances fussent à l'avantage de l'accusé. Lennox, père de la victime, avait, comme c'était son devoir naturel, accusé Bothwell du meurtre de son fils : pour que ses poursuites se trouvassent paralysées, tout se fit avec une précipitation qui semblait vouloir éluder les opérations de la justice. Lennox reçut avis, le 28 mars, que le 12 avril était le jour fixé pour le jugement; il n'avait donc que quatorze jours pour répondre à la citation qui lui était faite, en sa qualité de plus proche parent du monarque assassiné, de comparaître devant la cour, et de soutenir l'accusation qu'il avait intentée à Bothwell. Le comte se plaignit que le délai qui lui était accordé pour rassembler les preuves nécessaires pour convaincre un criminel aussi puissant était infiniment trop court; mais ses réclamations furent inutiles, il ne put obtenir de sursis.

Il était d'usage en Écosse que les personnes accusées de quelque grand crime comparussent devant les tribunaux, entourées de tous leurs amis et de tous leurs partisans, dont le nombre était souvent si considérable, que les juges et les accusateurs, intimidés, craignaient d'approfondir l'affaire, et prononçaient l'absolution de l'accusé, de sorte que le cours de la justice se trouvait momentanément suspendu. Bothwell, se sentant coupable, voulut employer ce moyen, presque toujours efficace, dans toute son étendue. Il parut dans Édimbourg à la tête de cinq mille de ses partisans. Deux cents fusiliers (1) d'élite marchaient à ses côtés, et ils gardèrent les portes du tribunal, dès que le criminel fut entré. Dans de pareilles circonstances, on ne pouvait s'attendre à un jugement impartial. Lennox ne comparut pas; seulement, un de ses vassaux protesta en son nom contre tout ce qui allait se passer. Aucune charge ne fut produite, aucune preuve, par conséquent, ne fut requise, et un jury, composé de nobles et de gentilshommes de la première distinction, acquitta Bothwell d'un crime dont tout le monde le croyait coupable.

L'esprit public fit justice de ce procès dérisoire; mais Bothwell, sans s'inquiéter des murmures du peuple, se mit en devoir de s'emparer d'une place qu'il avait rendue vacante par le meurtre de Darnley. Il invita un grand nombre des principaux nobles à un repas donné dans une taverne, et il sut les engager à signer un écrit par lequel, non-seulement ils déclaraient Bothwell innocent de la mort du roi, mais encore ils le désignaient à la reine comme l'époux le plus convenable qu'elle pût choisir. Morton, Maitland et autres, qui furent ensuite les ennemis et les accusateurs de Marie, signèrent cet acte remarquable, soit qu'ils fussent effrayés des conséquences que pourrait avoir un refus, soit qu'ils

---

(1) *Musketeers*, hommes armés de mousquets : notre mot *mousquetaire* est trop *spécial* en français pour rendre ici le mot anglais. — ÉD.

pensassent que le moyen le plus sûr et le plus prompt de précipiter la ruine de Bothwell et de la reine, était de les encourager à former une union qui mécontenterait la nation entière.

Murray, le personnage le plus important de l'Écosse, n'entra point dans toutes ces intrigues criminelles. Il était dans le comté de Fife lorsque le roi fut assassiné, et trois jours environ avant le procès de Bothwell, il obtint de la reine sa sœur la permission d'aller faire un voyage en France. Probablement qu'il ne se croyait pas en sûreté au cas où Bothwell parviendrait à monter sur le trône.

Le comte de Bothwell, s'étant assuré de cette manière le consentement apparent de la noblesse, et se croyant sûr, sans doute, de l'approbation de la reine, parut tout à coup au pont de Cramond, à la tête de mille cavaliers, au moment où Marie y arrivait en revenant de Stirling à Édimbourg. Il prit par la bride le cheval de la reine, et après avoir fait entourer et désarmer ses serviteurs trop peu nombreux pour la défendre, il la conduisit, en apparence malgré elle, dans le château de Dunbar dont il était gouverneur. Il ne paraît pas qu'en cette occasion Marie ait essayé de résister, ni qu'elle ait exprimé les sentimens de colère, d'indignation et de honte qu'elle aurait dû éprouver comme reine et comme femme. Les officiers de Bothwell assurèrent aux gens de sa suite qu'elle n'était emmenée que de son plein consentement, et en réfléchissant à son caractère fier et intrépide, il serait difficile d'expliquer autrement son silence, je dirai presque sa soumission, pendant qu'on lui faisait un si grand outrage. Ils restèrent dix jours à Dunbar, après lesquels ils revinrent à Édimbourg paraissant réconciliés. Le comte guidait avec tous les soins imaginables le palefroi de la reine, et il la conduisit au château d'Édimbourg dont le gouverneur était un de ses partisans.

Tandis que ces événemens étranges se passaient, Bothwell avait réussi à faire prononcer le divorce entre lui et sa femme, sœur du comte de Huntly. Le 12 mai, la reine déclara publiquement qu'elle pardonnait à Bothwell la violence dont il s'était rendu coupable à son égard, et que, quoiqu'elle eût été d'abord très-offensée de ce procédé, elle voulait bien lui accorder sa grace et même l'élever à de nouveaux honneurs. Les effets ne tardèrent pas à suivre les promesses, car elle le créa duc d'Orkney; et le 15 du même mois, avec une indiscrétion plus impardonnable encore, elle fit la folie d'épouser cet homme ambitieux et débauché, encore tout dégouttant du sang de son mari.

La reine ne tarda pas à découvrir que par ce malheureux mariage elle s'était mise au pouvoir d'un homme plus méchant et plus barbare que le faible Darnley. Bothwell se conduisit bientôt avec elle de la manière la plus brutale, et n'ayant pu obtenir, comme il s'en était flatté, que le jeune prince fût mis sous sa garde, il se répandit en reproches tellement outrageans envers Marie, qu'un jour elle demanda un poignard pour s'en frapper, préférant la mort à ses mauvais traitemens.

MARIAGE DE MARIE ET DE BOTHWELL.

Pendant ce temps, le mécontentement public était à son comble, et Morton, Maitland et autres qui avaient trempé dans le meurtre de Darnley, se mirent à la tête d'une grande partie de la noblesse, qui résolut de venger sa mort, et d'arracher à Bothwell un pouvoir usurpé. Ils prirent les armes si promptement, qu'ils faillirent surprendre la reine et Bothwell au milieu d'une fête que leur donnait lord Borthwick dans son château. Les deux époux n'eurent que le temps de se sauver et de se rendre à Dunbar, Marie s'étant cachée sous les habits d'un page.

Les lords confédérés marchèrent vers Dunbar, et la reine et Bothwell ayant rassemblé une armée, s'avancèrent à leur rencontre, et les joignirent à Carberry-Hill, non loin du champ de bataille de Pinkie, le 15 juin 1567. Marie aurait agi plus sagement en différant le combat, car les Hamiltons étaient en marche pour la joindre avec des forces considérables. Mais elle était accoutumée à obtenir l'avantage sur ses ennemis par des mouvemens rapides et spontanés, et elle ne fit pas d'abord assez d'attention à l'impression défavorable qui existait contre elle dans sa propre armée. Une grande partie de ses troupes, sinon la totalité, ne se souciait pas de combattre pour la cause de Bothwell. Celui-ci fit la rodomontade d'offrir de prouver son innocence, les armes à la main, contre tous ceux des lords confédérés qui oseraient affirmer son crime. Le vaillant Kirkaldy de La Grange, Murray de Tullibardin, et lord Lindsay des Byres le défièrent successivement, mais Bothwell trouva toujours quelque prétexte pour éluder le combat, et il paraît que ce méchant homme n'avait point assez de courage pour se mesurer avec qui que ce fût. Pendant ces pourparlers, l'armée de la reine commençait à se débander, et il devint évident que personne ne voulait combattre pour sa cause, tant qu'elle serait unie à celle de Bothwell. Marie l'engagea donc à se retirer, et il ne se le fit pas dire deux fois ; il se rendit à Dunbar à franc étrier, et de là il s'échappa par mer.

Après avoir reçu la promesse d'être traitée avec le respect et les égards convenables, Marie se rendit au laird de La Grange, et fut conduite par lui au quartier-général de l'armée confédérée. Les lords la reçurent dans un respectueux silence ; mais quelques soldats firent entendre des huées et des cris insultans, et il fallut que La Grange tirât son épée pour les forcer à se taire. Les lords adoptèrent la résolution de retourner dans la capitale, et ils y conduisirent Marie, entourée de leurs troupes.

Lorsque la malheureuse reine approcha d'Édimbourg, conduite en quelque sorte en triomphe par les vainqueurs, elle eut à souffrir les insultes les plus grossières et les plus cruelles de la part de la populace. Ces gens sans pitié portaient une bannière faite exprès pour cette insurrection, représentant d'un côté le cadavre de Darnley étendu sous un arbre dans le fatal verger, avec ces mots brodés pour légende : « O Seigneur ! juge et venge ma cause ; » et de l'autre le petit prince à genoux, et les mains jointes, comme s'il priait le ciel de punir les meurtriers de son père. Pendant que la pauvre

Marie traversait les rues d'Édimbourg, les cheveux épars, les vêtemens en désordre, couverte de poussière et succombant sous le poids du chagrin, de la honte et de la fatigue, cette fatale bannière ne cessa de flotter devant ses yeux, tandis que les cris frénétiques de la multitude l'accusaient d'avoir trempé dans le meurtre de Darnley. Les mêmes vociférations se firent entendre et la même bannière fut déployée devant les croisées de la maison du lord prévôt, dans laquelle elle resta enfermée quelques heures comme si elle était captive. Cependant les artisans et les citoyens les plus respectables furent à la fin touchés de sa détresse, et ils montrèrent un tel désir de la défendre, que les lords se déterminèrent à lui faire quitter Édimbourg, où, malgré l'inconduite et le ressentiment de ses ennemis, l'intérêt qu'inspiraient sa naissance et ses malheurs semblait sur le point de lui assurer de nouveaux partisans. En conséquence, le lendemain matin, qui était le 16 juin 1567, Marie, escortée par un corps nombreux de soldats, fut conduite au château de Lochleven, situé sur une petite île au milieu du lac du même nom, et y fut détenue prisonnière (1).

Les lords insurgés se formèrent alors en conseil secret pour diriger les affaires de l'État. Tous leurs soins eurent d'abord pour objet de s'assurer de Bothwell, quoique peut-être il y en eût quelques-uns parmi eux, tels que Morton et Maitland, qui avaient été ses complices dans l'assassinat de Darnley, et qui ne devaient

---

(1) Ici commence la partie historique de l'*Abbé*. — Éd.

pas se soucier de le voir traduit publiquement en justice. Mais il était nécessaire de faire au moins semblant de le poursuivre, et ceux qui n'étaient pas intéressés à ce qu'il s'échappât désiraient vivement qu'il fût pris.

Kirkaldy de La Grange partit sur les traces de Bothwell avec deux vaisseaux, et faillit le surprendre dans le port de Lerwick, car le fugitif s'échappa par une des issues de la baie tandis que La Grange y entrait par l'autre; et peut-être même celui-ci eût-il réussi à l'atteindre si son vaisseau n'avait pas touché contre un rocher, où il échoua; on n'eut que le temps de sauver l'équipage. Bothwell n'échappa au sort que lui préparaient les nobles écossais que pour en subir un autre tout aussi malheureux: n'ayant aucun moyen de subsistance ni pour lui ni pour ses matelots, il fit le métier de pirate sur les mers du nord; mais bientôt il fut attaqué et pris par quelques vaisseaux danois. Il fut jeté dans les donjons du château de Malmay, où il mourut à la fin de 1576. On dit que cet infâme criminel avoua, au moment de la mort, qu'il avait assassiné Darnley de concert avec Murray et Morton, mais que Marie était tout-à-fait innocente de ce crime; cependant la déclaration d'un tel misérable mérite peu de confiance.

Pendant ce temps, la pauvre Marie recueillait les tristes fruits du crime de Bothwell et de son aveugle affection pour lui. Elle était renfermée dans une tour grossière et incommode, au milieu d'une petite île, où elle avait à peine un espace de soixante pieds pour se promener; et l'intervention même d'Élisabeth, qui s'effrayait du succès de l'insurrection des Écossais contre leur souveraine, ne put apporter le moindre adoucissement à sa captivité. Il fut même un moment question de la mettre en jugement comme complice de la mort de Darnley, et de se servir de ce prétexte pour lui ôter la vie. Mais les lords du conseil secret résolurent d'adopter des mesures un peu plus douces pour se soustraire à son autorité, en forçant Marie à abdiquer en faveur de son fils encore enfant, et à nommer le comte de Murray régent du royaume pendant sa minorité. Des actes furent dressés à cet effet et envoyés au château de Lochleven pour être signés par la reine. Lord Lindsay, le plus grossier, le plus fanatique et le plus cruel de tous les lords confédérés, fut député par eux vers Marie pour la décider à obéir aux ordres du conseil. Il se conduisit avec toute la brutalité insolente qu'on pouvait attendre de lui, et il fut assez barbare pour appuyer de toutes ses forces son gantelet de fer sur le bras de la pauvre reine pour l'obliger à signer l'acte d'abdication (1).

Si Marie, dans une situation si critique, devait attendre de quelqu'un de l'attachement et de la pitié, ce devait être sans contredit de son frère Murray. Elle pouvait avoir eu des torts, elle avait certainement été très-inconséquente, mais elle méritait la tendresse et la compassion de son frère : elle l'avait comblé de faveurs et lui avait pardonné de graves offenses; mais Murray était ambitieux, et l'ambition rompt tous les liens du

(1) Cette scène est rapportée en détail dans l'*Abbé*. — ED.

sang et de la reconnaissance. Il alla lui rendre visite au château de Lochleven, mais au lieu de lui porter la moindre consolation, il lui reprocha ses erreurs avec tant de sévérité et d'amertume, que la pauvre Marie fondit en larmes et s'abandonna au désespoir.

Murray, en acceptant la régence, rompit les derniers liens qui l'attachaient encore à sa malheureuse sœur. Il s'était mis à la tête de la faction dominante, composée de ceux qui se faisaient appeler les lords du roi; tandis que ceux des nobles qui désiraient que la reine, affranchie du joug de Bothwell, fût mise en liberté et replacée à la tête des affaires, se nommaient le parti de la reine. L'administration sage et sévère de Murray imposa quelque temps silence à ces derniers, mais un incident singulier changea pour un moment la face des choses, et rendit un rayon d'espoir à l'infortunée Marie.

Le laird de Lochleven, sir William Douglas, propriétaire du château où Marie était prisonnière, était, par sa mère, *demi-frère* du régent Murray. Ce baron s'acquittait avec une fidélité sévère du soin de garder sa captive; mais le plus jeune de ses frères, Georges Douglas, devint bientôt plus sensible aux malheurs de la reine et peut-être à sa beauté qu'aux intérêts du régent ou à ceux de sa propre famille. Un plan dressé par lui pour l'évasion de Marie ayant été découvert, il fut à l'instant renvoyé de l'île; mais il y conserva des intelligences avec un de ses jeunes parents qu'on appelait le petit Douglas, enfant de quinze ou seize ans, qui était resté dans le château. Le 2 mai 1568, le petit William

Douglas réussit à s'emparer des clefs du château tandis que le reste de sa famille était à souper. Il conduisit Marie et sa suivante hors de la tour lorsque tout le monde fut livré au repos, ferma les portes du château à double tour pour empêcher qu'on ne les poursuivît, plaça la reine et la femme qui l'accompagnait dans un petit esquif, et rama vigoureusement jusqu'à ce qu'ils eussent atteint l'autre bord, après avoir eu la précaution de jeter au milieu du lac les clefs du château. Au moment de commencer leur aventureux voyage, le jeune pilote fit un signal convenu, et plaça dans une croisée une lumière qu'on pouvait apercevoir de l'extrémité la plus reculée du lac, pour informer ses amis que leur plan avait réussi. Lord Seaton et plusieurs membres de la famille des Hamiltons les attendaient à l'endroit du débarquement. La reine monta à cheval sur-le-champ, et se dirigea en toute hâte sur Nildry, dans le Lothian occidental, d'où elle se rendit le lendemain à Hamilton. Cette nouvelle se répandit en Écosse avec la rapidité de l'éclair, et partout elle fut reçue avec enthousiasme. Le peuple se rappelait l'affabilité, la grace, la beauté et les malheurs de Marie; et s'il se souvenait de ses erreurs, c'était pour dire qu'elles avaient été assez sévèrement punies. Le dimanche Marie était encore une triste captive, abandonnée sans secours dans une tour solitaire, et le samedi suivant elle se trouvait à la tête d'une puissante confédération, par laquelle neuf comtes, huit lords, neuf évêques et quantité de gentilshommes du plus haut rang s'étaient engagés à la défendre et à lui rendre sa couronne. Mais ce rayon d'espoir ne dura qu'un instant.

La reine avait le projet de s'enfermer dans le château de Dumbarton; et son armée, sous les ordres du comte d'Argyle, voulut l'y conduire comme en triomphe. Le régent était resté à Glascow avec des forces très-inférieures; mais ayant une juste confiance dans ses talens militaires, dans ceux de Morton, ainsi que dans la valeur de Kirkaldy et d'autres chefs expérimentés, il résolut d'aller à la rencontre de l'armée de la reine, et de lui livrer bataille.

Le 13 mai 1568 Murray occupa le village de Langside (1), par lequel la reine devait nécessairement passer. Les Hamiltons et autres gentilshommes de l'avant-garde de Marie s'élancèrent avec une valeur inconsidérée pour forcer le passage. Ils combattirent avec acharnement d'après la méthode écossaise, c'est-à-dire que chaque assaillant s'approchait assez de son antagoniste pour que leurs fronts se touchassent, tous deux appuyant leur lance avec force sur le bouclier (2) l'un de l'autre, et tous deux faisant de mutuels efforts pour se renverser, comme des taureaux qui luttent ensemble. Morton décida la bataille en attaquant les Hamiltons en flanc, tandis qu'ils ne songeaient qu'à triompher des adversaires qu'ils avaient devant eux. Ce mouvement fut décisif, et l'armée de la reine fut complètement mise en déroute.

La reine Marie fut témoin de cette défaite fatale et

---

(1) Voyez les derniers chapitres de *l'Abbé* et les *Vues pittoresques d'Écosse*. — Éd.

(2) Target. — Éd.

décisive, du haut d'un château appelé Crookstone, à environ quatre milles de Paisley, où elle avait passé quelques jours heureux avec Darnley immédiatement après leur mariage, et dont la vue dut lui inspirer de bien amères réflexions. Elle vit bientôt qu'il ne lui restait d'autre ressource que la fuite; et, accompagnée de lord Herries et de quelques fidèles serviteurs, elle courut soixante milles sans s'arrêter, et ne prit un peu de repos que dans l'abbaye de Dundrennan, dans le Galloway. De là elle pouvait également se rendre en France ou en Angleterre, selon la décision qu'elle prendrait; en France elle était certaine d'être bien reçue, mais l'Angleterre lui offrait un asile plus rapproché, et, à ce qu'elle croyait, tout aussi sûr.

Oubliant donc toutes les causes de rivalité qui existaient entre elle et Élisabeth, et ne se rappelant que les lettres aimables et flatteuses qu'elle en avait reçues, la reine d'Écosse ne songea pas un instant qu'elle pût courir le moindre danger en recourant à l'hospitalité de l'Angleterre. On peut aussi supposer que la pauvre Marie, qui parmi ses défauts ne comptait point le manque de générosité, jugea de l'accueil que lui ferait Élisabeth d'après celui qu'elle aurait fait à la reine d'Angleterre si elle se fût trouvée dans la même situation. Elle résolut donc de chercher un asile à la cour de sa sœur, en dépit de l'opposition de ses amis plus prudens. En vain ils se jetèrent à ses genoux et la supplièrent de changer de dessein; elle entra dans la barque fatale, traversa le Solway, et se remit à la foi d'un gentilhomme nommé Lowther, Gardien des frontières anglaises (1). Très-surpris, sans doute, de cet incident, il envoya un exprès pour en informer Élisabeth, et recevant la reine d'Écosse avec tous les égards possibles, il la logea dans le château de Carlisle.

Élisabeth avait deux partis à prendre, qui pouvaient être plus ou moins généreux, mais qui étaient également justes et légitimes : l'un était de recevoir la reine Marie avec les honneurs dus à son rang et de lui accorder les secours qu'elle venait demander; l'autre, si le premier n'entrait pas dans ses vues, de lui permettre de rester dans ses états, en la laissant libre d'en sortir quand elle le voudrait, de même qu'elle y était entrée volontairement.

Mais, quelque grandeur qu'Elisabeth ait montrée dans les autres actes de son règne, elle agit dans l'occasion actuelle d'après les sentimens d'une basse jalousie. Elle vit dans la fugitive qui implorait sa protection une princesse qui avait des droits à la couronne d'Angleterre, droits que la partie catholique de ses sujets jugeait même supérieurs au sien; elle se rappela que Marie s'était laissé entraîner à prendre les armes et les titres des souverains d'Angleterre, ou plutôt que les Français les avaient pris en son nom; elle se souvint que Marie avait été sa rivale en talent, et assurément elle n'oublia pas qu'elle lui était supérieure en jeunesse et en beauté, et qu'elle avait l'avantage, comme Élisabeth l'avait dit elle-même, d'être la mère d'un beau

---

(1) Ici se termine le roman de l'*Abbé*. — Éd.

garçon, tandis qu'elle-même n'était qu'une souche stérile. Elle regarda donc la reine d'Écosse non pas comme une sœur et comme une amie dans la détresse, mais comme une ennemie que les circonstances avaient mise en son pouvoir, et elle résolut de la réduire à l'état de captive.

Par suite de la ligne de conduite que traçait un raisonnement aussi bas, l'infortunée Marie fut entourée d'une garde anglaise; et comme Élisabeth craignait avec raison qu'elle n'obtînt des secours de l'Ecosse, elle la fit transférer au château de Bolton, dans le comté d'York. Mais il fallait un prétexte pour une conduite aussi violente et aussi injuste, et Élisabeth réussit à en trouver un.

Dès que Marie s'était enfuie en Angleterre, le régent Murray s'était efforcé de se justifier aux yeux de la reine Élisabeth, en alléguant que sa sœur avait pris part au meurtre de Darnley, afin de pouvoir épouser Bothwell son amant. En supposant que cette inculpation fût fondée, la conduite de Marie était sans doute criminelle; néanmoins Élisabeth n'avait pas le moindre droit de se constituer juge dans cette affaire. Marie n'était pas sa sujette, et, d'après la loi des nations, la reine d'Angleterre n'avait aucun titre pour s'entremettre dans la querelle entre la reine d'Écosse et son peuple. Mais voici comment elle s'y prit pour extorquer de Marie une sorte de consentement à prendre sa sœur pour arbitre.

Les messagers d'Élisabeth exprimèrent à Marie tout

le regret que leur maîtresse éprouvait de ne pouvoir l'admettre en sa présence, ni lui faire l'accueil affectueux qu'il lui tardait de lui offrir, tant qu'elle ne se fût justifiée aux yeux du monde des accusations calomnieuses qui lui étaient intentées par ses sujets. Marie offrit aussitôt de prouver son innocence à la satisfaction d'Élisabeth ; et la reine d'Angleterre affecta de regarder cette offre comme une demande qui lui était faite d'agir comme arbitre entre Marie et le parti qui l'avait déposée et exilée. Ce fut en vain que Marie représenta que, en consentant à dissiper les scrupules d'Élisabeth, elle n'obéissait qu'au désir de mériter son estime et de se concilier sa faveur, mais qu'elle n'entendait nullement constituer la reine d'Angleterre son juge dans un procès judiciaire, Élisabeth résolut de conserver l'avantage qu'elle avait acquis, et d'agir comme si Marie l'avait, de son plein gré, rendue seule l'arbitre de son sort.

La reine d'Angleterre nomma des commissaires pour entendre les parties, et examiner les preuves qui devaient leur être soumises des deux côtés. Le régent Murray parut devant ces commissaires, remplissant le rôle odieux d'accusateur de celle qui était tout à la fois sa sœur, sa bienfaitrice et sa souveraine. La reine Marie envoya aussi les plus habiles de ses conseillers, l'évêque de Ross, lord Herries, et autres, pour plaider sa cause et soutenir ses droits.

La commission se réunit à York en octobre 1568. La discussion s'ouvrit par une singulière tentative pour faire revivre la vieille question de la prétendue suprématie de l'Angleterre sur l'Écosse. — Vous venez ici, dirent les commissaires anglais au régent et aux seigneurs qui l'accompagnaient, pour soumettre à la reine d'Angleterre les différends qui divisent le royaume d'Écosse, et en conséquence je commence par vous requérir de rendre à Sa Majesté l'hommage qui lui est dû. Le comte de Murray rougit et garda le silence; mais Maitland de Lethington répondit vivement : — Lorsque Élisabeth restituera à l'Écosse le comté d'Huntingdon, ainsi que le Cumberland et le Westmoreland, nous lui rendrons hommage pour ces territoires ainsi que le faisaient les anciens rois d'Écosse qui en jouissaient. Quant à la couronne et au royaume d'Écosse, ils sont plus libres que ceux d'Angleterre, qui récemment encore payaient le Denier-Saint-Pierre à Rome.

Cette question étant écartée, la commission s'occupa de l'objet spécial de sa réunion. Ce ne fut pas sans hésiter que Murray se décida à faire sa déposition en termes précis, et l'on eut beaucoup de peine à obtenir de lui quelque preuve à l'appui de l'accusation d'infidélité conjugale et de complicité dans le meurtre de son époux, qu'il intentait à Marie. Sans doute la conduite de la reine avait été imprudente et plus que légère, mais l'on ne pouvait en conclure qu'elle fût coupable du crime horrible dont on l'accusait; il fallait quelque chose qui ressemblât à une preuve, et à la fin une cassette fut produite, qui avait été saisie, disait-on, entre les mains d'un serviteur de Bothwell, nommé Dalgleish. Cette cassette était remplie de lettres et de documens, qui, s'ils étaient véritables, prouvaient jusqu'à l'évidence que Marie avait été la maîtresse de Bothwell, même du vivant de Darnley, et que non-seulement elle avait eu connaissance du meurtre de ce malheureux jeune homme, mais que même elle y avait donné son approbation. Mais les commissaires de la reine soutinrent que ces lettres avaient été forgées dans l'odieux dessein de calomnier leur maîtresse. Il est à remarquer que Dalgleish fut condamné et exécuté sans qu'on lui eût adressé une seule question au sujet de ces lettres, ce qu'on eût dû faire, quand ce n'eût été que pour prouver qu'elles avaient été en sa possession. Lord Herries et l'évêque de Ross ne se contentèrent pas de défendre la reine ; ils accusèrent Murray lui-même de s'être ligué avec Bothwell pour assassiner Darnley.

Après cinq mois d'enquête, la reine d'Angleterre fit savoir aux deux parties que d'un côté elle n'avait rien découvert qui pût lui faire douter de l'honneur et de l'intégrité du comte de Murray, tandis que de l'autre il n'avait prouvé aucun des crimes dont il avait accusé sa souveraine. Elle était donc décidée, disait-elle, à laisser les affaires d'Écosse dans l'état où elle les avait trouvées.

Pour traiter les deux parties avec la même impartialité, comme sa sentence semblait faire entendre que c'était son intention, la reine aurait dû remettre Marie en liberté. Mais tandis que Murray repartait pour l'Écosse, chargé d'une somme considérable qui lui était prêtée par Élisabeth, Marie était retenue dans cette captivité qui ne devait finir qu'avec sa vie.

Murray revint à Édimbourg, ayant eu tout l'avantage de la conférence d'York ; ses coffres avaient été remplis et son autorité confirmée par l'appui de la reine d'Angleterre, et il ne lui fut pas difficile de disperser le reste des lords de la reine, qui, par le fait, n'avaient jamais pu lui tenir tête depuis la bataille de Langside et la fuite de leur souveraine.

Pendant ce temps, quelques événemens extraordinaires avaient lieu en Angleterre. Le duc de Norfolk avait formé un plan pour rendre la reine Marie à la liberté, et il devait en récompense recevoir sa main. Le régent Murray avait été mis dans la confidence, quoiqu'on dût supposer que ce projet ne lui était pas très-agréable. Plusieurs membres de la haute noblesse avaient promis de seconder l'entreprise, entre autres les puissans comtes de Westmoreland et de Northumberland. Le complot fut découvert ; on sut que Norfolk en était l'auteur, et ce fut principalement par les déclarations de Murray, qui eut la bassesse de trahir le secret qui lui avait été confié. Le duc fut arrêté, mis en prison, et quelques mois après jugé et exécuté.

Mais avant cette catastrophe, Northumberland et Westmoreland se hâtèrent de lever l'étendard de la révolte, sans avoir les moyens de la soutenir. Leurs troupes se dispersèrent sans coup férir, à la vue de l'armée envoyée contre eux par Élisabeth. Westmoreland trouva un sûr asile parmi les Écossais des frontières qui étaient favorables à la cause de Marie. Ils lui facilitèrent les moyens de gagner la côte, et il finit par passer en

5.

Flandre, et mourut dans l'exil. Northumberland fut moins heureux : un habitant des frontières, nommé Hector Armstrong de Harlaw, le trahit bassement et le livra au régent Murray, qui refusa, il est vrai, de le remettre entre les mains d'Élisabeth, mais qui le retint captif dans ce même château de Lochleven qui avait servi de prison à Marie.

Tous ces événemens successifs contribuèrent à établir le pouvoir de Murray, et à diminuer le courage de ceux des lords qui restaient fidèles au parti opposé ; mais il arrive souvent que c'est lorsque les hommes se croient le plus près d'atteindre le but auquel ils aspirent et pour lequel ils se sont donné tant de peines, que leurs espérances se trouvent tout à coup renversées de la manière la plus imprévue et la plus étrange. Une main s'apprêtait à frapper Murray, et si le fier régent en eût été informé, il aurait dédaigné un semblable ennemi, puisque c'était un simple particulier que le ressentiment armait contre lui.

Après la bataille de Langside, six des Hamiltons, qui avaient joué le rôle le plus actif dans cette occasion, furent condamnés à mort comme coupables de trahison envers Jacques VI, pour avoir embrassé le parti de sa mère. Cet arrêt était peu juste, si l'on considère à quel point le pays était divisé entre la mère et le fils ; mais il ne fut pas exécuté, et les condamnés obtinrent leur grace par l'intercession de John Knox auprès du régent.

Au nombre des personnes comprises dans l'amnistie

était Hamilton de Bothwellhaugh, homme d'un caractère farouche et vindicatif. De même que les seigneurs qui se trouvaient dans le même cas, il fut puni par la confiscation de ses biens, quoiqu'on lui laissât la vie. Sa femme lui avait apporté en dot les terres de Woodhouselee, près de Roslyn, et ce domaine fut donné par Murray à l'un de ses favoris, qui poussa la barbarie jusqu'à mettre la femme d'Hamilton à la porte de sa propre maison, sans lui laisser même le temps de s'habiller et de se mettre à l'abri de l'intempérie de la saison. La conséquence d'un traitement aussi brutal fut qu'elle devint folle et qu'elle mourut. Son mari jura de la venger, non sur la personne du coupable favori, mais sur celle de Murray, qu'il regardait comme la première cause de son infortune, et que ses préjugés héréditaires lui faisaient haïr comme l'usurpateur du pouvoir suprême et l'oppresseur implacable des Hamiltons. Il paraît certain que l'archevêque de Saint-André et quelques autres membres de sa famille encouragèrent Bothwellhaugh dans cette résolution désespérée (1).

Il prit ses mesures avec un sang-froid admirable. Ayant appris que le régent devait traverser Linlithgow un certain jour, il s'introduisit secrètement dans une maison appartenant à l'archevêque de Saint-André, et devant laquelle il y avait un balcon en bois qui donnait sur la rue. Bothwellhaugh étendit un drap noir sur le mur de l'appartement dans lequel il était caché,

(1) Voyez l'introduction et les notes du poème-ballade intitulé *Cadyow-Castle*. — Éd.

afin que son ombre ne pût être aperçue du dehors, et posa un matelas sur le plancher, pour que le bruit de ses pas ne fût pas entendu en dessous. Pour assurer son évasion, il attacha un cheval de course dans le jardin derrière la maison, abattit la petite porte du jardin qui était trop basse pour qu'il pût passer à cheval, et barricada fortement la grande porte qui ouvrait sur la rue. Ayant ainsi tout préparé, tant pour rester caché avant l'exécution de son projet que pour se sauver ensuite, il s'arma d'une carabine chargée, s'enferma dans la chambre solitaire, et attendit l'arrivée de sa victime.

Murray fut averti par quelques amis du danger auquel il s'exposait en passant par une ville où l'on savait qu'il avait des ennemis, et on lui conseilla de s'y soustraire, soit en la tournant en dehors, soit du moins en traversant rapidement la rue à cheval, surtout à l'endroit du bâtiment qui était plus particulièrement suspect, parce qu'il appartenait aux Hamiltons. Mais le régent, croyant que ce serait montrer une vaine pusillanimité que d'agir de la sorte, suivit hardiment la rue, qui était remplie de monde. Lorsqu'il fut arrivé en face du fatal balcon, son cheval, retardé par la foule de spectateurs qui obstruaient le passage, laissa à Bothwellhaugh le temps de bien ajuster son coup. Il fit feu, et le régent tomba, frappé d'une blessure mortelle. La balle, après avoir traversé son corps, alla tuer le cheval d'un gentilhomme qui était à sa droite. Les gens de sa suite se précipitèrent en fureur sur la maison d'où le coup était parti ; mais Bothwellhaugh avait si bien pris toutes ses mesures, qu'ils ne purent forcer l'entrée qu'après qu'il se fut élancé sur son bon cheval, et qu'il eut franchi la porte de derrière. Néanmoins il fut poursuivi de si près, qu'il s'en fallut de bien peu qu'il ne fût pris; mais voyant que le fouet et l'éperon n'avaient plus de pouvoir, il se servit de la pointe de son poignard pour aiguillonner son cheval, et, le forçant ainsi à faire un saut désespéré pour franchir un fossé que ses ennemis ne purent traverser, il parvint à se soustraire à leur poursuite.

Le régent mourut dans la nuit, laissant une réputation fort contestée, trop prôné peut-être par quelques auteurs, trop déprécié par d'autres, suivant qu'ils approuvent ou qu'ils condamnent sa conduite à l'égard de sa sœur.

Le meurtrier se réfugia en France. Dans les guerres civiles de ce pays, comme il passait pour un homme capable des plus grands coups, des propositions lui furent faites pour assassiner l'amiral Coligny; mais il les rejeta avec indignation. — Il était vrai, dit-il, qu'il avait tué en Écosse un homme qui lui avait fait une injure mortelle; mais pour rien au monde il n'attenterait à la vie de quelqu'un contre qui il n'avait aucun sujet d'animosité (1).

A la mort de Murray, Lennox fut nommé régent.

(1) Tous les individus de ce drame historique ont été décrits en vers harmonieux par sir Walter Scott, dans le poeme-ballade de *Cadyow-Castle*, tome IV de cette édition. — Éd.

Quoique père de Darnley, qui avait été assassiné, il ne montra pas une soif excessive de vengeance. Il s'efforça de concilier les partis pour assurer la paix ultérieure. Mais les esprits étaient trop exaspérés des deux côtés pour que ses efforts pussent être couronnés de succès. Maitland de Lethington et Kirkaldy de La Grange quittèrent le parti du roi, dont ils avaient été long-temps le principal appui, pour embrasser celui de la reine. Nous avons parlé souvent de Lethington comme de l'un des hommes les plus habiles d'Écosse, et Kirkaldy en était certainement l'un des plus braves. En outre il était gouverneur du château d'Édimbourg, et sa déclaration qu'il gardait cette place importante pour la reine donna beaucoup de courage aux adhérens de Marie. Néanmoins en même temps ils perdaient une citadelle presque aussi importante, celle de Dunbarton, et voici comment.

Dunbarton est l'une des places les plus fortes du monde (1). Il est situé sur un rocher qui s'élève presque perpendiculairement du niveau de la plaine jusqu'à la hauteur de plusieurs centaines de pieds. C'est sur le sommet de ce roc que sont construits les bâtimens; et comme il n'y a d'en bas qu'un seul sentier pour le gravir, qui est une espèce d'escalier fort raide, et que ce sentier est fortifié et gardé avec soin, le fort pouvait être regardé comme imprenable. Un capitaine, Crawford de Jordanhill, résolut néanmoins de tenter de s'en emparer.

(1) Voyez la *Prison d'Édimbourg*, tome III, et les *Vues pittoresques de l'Écosse*. — Éd.

GUERRE CIVILE EN ÉCOSSE.

Il profita d'une nuit sombre et obscure pour apporter au pied du château des échelles dont il s'était pourvu, choisissant pour son épreuve terrible l'endroit où le roc était le plus escarpé, et où par conséquent la surveillance était moins active et les sentinelles moins nombreuses. Ce choix fut heureux; car la première échelle rompit sous le poids des hommes qui essayèrent de monter, et le bruit de la chute les aurait trahis s'il se fût trouvé quelque sentinelle à portée de les entendre. Crawford, aidé par un soldat qui avait déserté du château, et qui lui servait de guide, monta ensuite, et réussit à assujettir la seconde échelle en l'attachant aux racines d'un arbre qui croissait à peu près au milieu du rocher. Ils y trouvèrent une petite surface plate, suffisante pour contenir leur petite troupe, qui, comme vous pensez bien, était fort peu nombreuse. En escaladant la seconde partie du roc, un autre accident arriva : un des soldats, sujet à l'épilepsie, fut saisi d'une attaque, occasionée peut-être par la terreur, tandis qu'il était en train de monter l'échelle. Dans un pareil état, il lui était impossible ni de monter ni de descendre. Il y eût eu de la cruauté à tuer ce malheureux, et d'ailleurs le corps, en tombant, aurait donné l'alarme à la garnison. Crawford ne vit d'autre moyen que de l'attacher à l'échelle; puis, faisant descendre tous ses compagnons, il la retourna, et il fut alors facile de passer par-dessus le corps de l'épileptique. Arrivés au sommet, ils tuèrent la sentinelle avant qu'elle eût le temps de donner l'alarme, et surprirent aisément la garnison endormie, qui avait trop compté sur la force du château. Cet exploit de Crawford peut être comparé à tout ce que l'histoire nous a transmis de plus extraordinaire en ce genre.

Hamilton, archevêque de Saint-André, fut fait prisonnier dans Dunbarton, où il s'était réfugié pour échapper à la haine des partisans du roi. Il se trouvait alors entre leurs mains, et, comme ils l'avaient précédemment déclaré traître, ils ne se firent aucun scrupule de le mettre à mort comme tel. Ce crime amena d'autres actes de violence commis par représailles, lesquels furent suivis à leur tour de nouveaux massacres. Tous les liens de la nature étaient rompus, tout disparaissait dans la distinction de partisan du roi et de la reine; et comme aucun parti n'accordait de quartier à ses adversaires, la guerre civile prit l'aspect le plus horrible. Les pères, les fils, les frères s'armaient l'un contre l'autre, et se faisaient une guerre acharnée. Il n'y avait pas jusqu'aux enfans des rues qui ne se formassent en bandes pour le roi Jacques ou pour la reine Marie, et qui ne se livrassent des combats opiniâtres avec des pierres, des bâtons et des couteaux.

Au milieu de cette confusion chaque parti convoqua un parlement, où ne se rendirent que les seigneurs de son propre bord. Le parlement de la reine se réunit à Édimbourg, sous la protection du château et de Kirkaldy son gouverneur. La faction du roi eut une assemblée beaucoup plus nombreuse qui prit le même titre, à Stirling, et l'on y fit paraître le jeune roi, pour qu'il sanctionnât par sa présence les délibérations. L'enfant s'étant aperçu que le tapis qui couvrait la table où écrivaient les greffiers était troué, s'écria ingénument qu'il y avait un trou dans le parlement. Ces paroles furent remarquées par la suite, comme si elles eussent renfermé une sorte de prophétie de l'événement singulier que voici :

Kirkaldy imagina un coup de main par lequel, s'il eût réussi, il mettait fin aux délibérations du parlement du roi, et même à la guerre civile tout entière. Il appela auprès de lui Buccleuch et Fairnyherst, zélés partisans de Marie, comme nous l'avons vu, les priant d'amener un fort détachement de leurs meilleurs cavaliers, et le lord Claude Hamilton vint se joindre à eux avec un corps d'infanterie. Ces troupes furent guidées par un nommé Bell, qui connaissait à merveille la ville de Stirling, où il était né. Il les introduisit jusqu'au centre de la ville, avant même qu'un chien eût aboyé contre eux. Ils pouvaient être cinq cents. Alors ils jetèrent l'alarme en criant : — Dieu et la reine! pensez à l'archevêque de Saint-André! Tout est à nous! — Suivant les instructions qu'ils avaient reçues, les chefs envoyèrent des détachemens dans les différentes maisons occupées par les lords du roi, qui se rendirent sans résistance, à l'exception de Mar, dont la valeur obstinée les força de mettre le feu à sa demeure. Ce fut seulement alors qu'il se rendit à Buccleuch, qui était son proche parent. Mais sa résistance avait gagné du temps, et les assaillans s'étaient dispersés dans la ville pour se livrer au pillage. Dans ce moment Mar sortit du château à la tête d'un corps de soldats armés de mousquets, et, se plaçant derrière les murs d'une maison qu'il faisait bâtir sur la colline, il fit un feu aussi imprévu que bien nourri sur les partisans de la reine. Ceux-ci, qui étaient déjà en désordre, furent frappés d'une terreur panique au milieu même de la victoire, et ils commencèrent à fuir. Alors la scène changea complètement, et ceux qui avaient triomphé l'instant d'auparavant s'empressèrent de se rendre à leurs propres captifs. Lennox, le régent, était monté en croupe derrière Spens de Wormeston, qui l'avait fait prisonnier. Il était l'objet particulier du ressentiment des Hamiltons, qui brûlaient de venger sur lui la mort de l'archevêque de Saint-André. Il fut tué, à ce que l'on croit, par l'ordre de lord Claude Hamilton; et Spens, qui fit les efforts les plus généreux pour défendre son prisonnier, partagea son sort. Le parti de la reine se retira de Stirling sans beaucoup de perte, parce que les habitans des frontières eurent soin d'enlever tous les chevaux sur lesquels leurs ennemis auraient pu les poursuivre. Kirkaldy se mit dans une grande fureur en apprenant la mort du régent, et il traita ceux qui commandaient le détachement d'animaux féroces et aveugles, qui ne savaient ni remporter une victoire ni en tirer parti. S'il se fût placé lui-même à la tête des troupes, comme il en avait eu le désir, il est probable que la *raid* (1) de Stirling aurait mis fin à la guerre. Mais de cette manière, la mort de Lennox ne fit, s'il était possible, qu'envenimer encore la querelle.

Le comte de Mar fut nommé régent pour le roi. C'était un homme plein de modération, qui n'avait que

---

(1) Mot à mot *course*. — Affaire, escarmouche. — Tr.

des vues honorables, et qui avait si fort à cœur de rétablir la paix dans son pays, que l'impossibilité où il se trouva d'y parvenir abrégea, dit-on, ses jours. Il mourut le 29 octobre 1572, n'ayant guère exercé la régence que pendant un an.

Le comte de Morton lui succéda. Nous avons vu que ce seigneur, malgré ses talens et son courage remarquable, était d'un caractère farouche et cruel. Il avait été impliqué dans le meurtre de Rizzio, et il avait eu pour le moins connaissance de celui de Darnley. On devait s'attendre qu'il continuerait la guerre avec cette férocité barbare qui le caractérisait, au lieu de s'efforcer, comme Mar, à en diminuer la rigueur. Ce fut ce qui arriva. Les deux partis continuèrent à exécuter leurs prisonniers; et, comme il n'y avait pas de jour où il ne se livrât quelque escarmouche, le nombre des personnes qui périrent par l'épée ou qui expirèrent sur le gibet est presque incalculable. Ces guerres furent appelées, du nom de famille de Morton, les guerres des Douglas. Il y avait cinq ans que duraient ces hostilités, lorsque le duc de Châtelherault et le comte de Huntly, les deux principaux seigneurs qui avaient soutenu la cause de la reine, se soumirent à l'autorité du roi et reconnurent le régent. Kirkaldy de La Grange, aidé des conseils de Maitland de Lethington, continua à défendre le château d'Édimbourg contre Morton. Mais la reine Élisabeth, voulant alors mettre un terme aux dissensions de l'Écosse, envoya de Berwick un corps de troupes considérable, et, ce qui était encore plus nécessaire, un train nombreux d'artillerie pour former le siège du château d'Édimbourg. Le manque de vivres, plus encore que les batteries anglaises, réduisit la garnison aux abois; et après une longue et opiniâtre résistance dans le cours de laquelle, de deux sources qui fournissaient de l'eau à la ville, l'une se tarit et l'autre fut interceptée par des décombres, le brave Kirkaldy fut obligé de capituler.

Il se rendit au général anglais, qui promit que sa maîtresse intercéderait auprès du régent pour obtenir la grace du gouverneur et de sa troupe. On devait d'autant plus s'y attendre, que Morton et Kirkaldy avaient été dans un temps amis intimes. Mais le régent insista pour que son brave ennemi fût remis entre ses mains, et Élisabeth, sans égards ni pour l'honneur de son général, ni pour le sien, abandonna les prisonniers à la vengeance de Morton. Kirkaldy et son frère furent exécutés publiquement, au grand regret même de la plupart des partisans du roi. Maitland de Lethington, plus célèbre pour ses talens que pour son intégrité, désespérant d'obtenir un pardon qui n'avait point été accordé à Kirkaldy de La Grange, mit fin lui-même à ses jours en prenant du poison. Ce fut ainsi que les guerres civiles du règne de Marie se terminèrent par la mort du capitaine le plus brave et de l'homme d'état le plus habile de l'Écosse, car tels étaient Kirkaldy et Maitland.

A dater de la reddition du château d'Édimbourg, le 29 mai 1573, le régent Morton se trouva en possession complète de l'autorité suprême en Écosse. Pour s'acquitter envers Élisabeth, qui s'était montrée constamment son amie pendant les guerres civiles, il s'étudia à prévenir ses moindres désirs du moment qu'il se vit maître absolu du royaume.

Morton alla même jusqu'à livrer à la justice ou plutôt à la vengeance de la reine d'Angleterre ce malheureux comte de Northumberland, qui avait voulu fomenter une sédition en Angleterre, et qui, s'étant réfugié en Écosse, avait été renfermé par le régent Murray dans le château de Lochleven. Ce fut une grande tache imprimée non-seulement à la réputation de Morton, mais même à celle de l'Écosse, qui jusque-là s'était fait un devoir d'offrir un asile sûr et inviolable à ceux que des malheurs ou des factions politiques forçaient à s'expatrier. Le fait était d'autant plus révoltant que, lorsque Morton avait été obligé lui-même de s'enfuir en Angleterre pour la part qu'il avait prise à la mort de Rizzio, il avait été noblement accueilli et protégé par le seigneur infortuné qu'il abandonnait alors à son triste destin. Il y avait encore une circonstance aggravante, et qu'on ne manqua pas de remarquer : c'était un Douglas qui trahissait un Percy, et lorsqu'on parcourait les annales de leurs ancêtres, on y voyait bien des actes d'hostilité ouverte, des alliances intimes et fidèlement observées; mais jamais jusqu'alors elles n'avaient offert un seul exemple d'un acte de trahison commis par l'une des deux familles envers l'autre. Pour mettre le comble à l'infamie de cette conduite, le régent reçut à cette occasion une somme d'argent, qu'il partagea avec Douglas de Lochleven. Northumberland fut décapité à York en 1572.

Sous d'autres rapports, l'Écosse retira de grands avantages de la paix avec l'Angleterre, car un peu de repos était bien nécessaire à ce malheureux pays. Cette paix dura, presque sans interruption, pendant trente ans et plus.

Il y eut cependant, dans une occasion, entre les deux peuples une petite escarmouche que je vais vous rapporter, parce que, à l'exception d'une entreprise hardie dont nous parlerons plus tard, ce fut la dernière que les Anglais et les Écossais eurent, et, il est à espérer, auront jamais ensemble.

C'était un usage adopté pour maintenir la paix sur les frontières, que les Gardiens des deux pays se réunissent à des jours fixés pour se livrer réciproquement les malfaiteurs qui avaient commis des agressions sur le territoire étranger, ou régler les indemnités pécuniaires à accorder pour les dégâts qu'ils avaient pu faire. Le 7 juillet 1575, Carmichael, en sa qualité de Gardien des marches du centre écossais, se rendit au rendez-vous ordinaire ainsi que sir John Foster, l'officier anglais de la frontière opposée. L'un et l'autre était accompagné des clans qui dépendaient de sa juridiction; mais la troupe de Foster était beaucoup plus nombreuse que celle de Carmichael, et elle était armée de lances, d'arcs et de flèches. D'abord l'entrevue fut paisible. Les Gardiens se mirent à régler les délits, et les hommes de leur suite commencèrent à trafiquer entre eux et à se livrer aux jeux et aux amusemens d'usage; car, malgré leurs incursions habituelles, il régnait toujours une sorte de connaissance entre les habitans des deux côtés de la frontière, comme celle qui s'établit entre les avant-postes de deux armées ennemies.

Pendant ces relations amicales, il s'éleva une dispute entre les deux Gardiens, Carmichael demandant l'extradition d'un malfaiteur anglais dont Foster, de son côté, refusait d'être responsable. La discussion s'anima, et ils finirent par se lever tous deux de leurs sièges, sir John Foster disant à Carmichael, d'un ton de mépris, qu'il devait aller avec ses pareils. Les Anglais poussèrent aussitôt leur cri de guerre de : — En avant, Tynedale ; — et, sans plus de cérémonie, ils lancèrent une grêle de flèches au milieu des Écossais, qui, peu nombreux et attaqués à l'improviste, eurent beaucoup de peine à tenir pied. Heureusement un corps de citoyens de Jedburgh arriva à temps pour les secourir, et comme ils avaient presque tous des armes à feu, l'arc long des Anglais ne conserva plus son ancienne supériorité. Après une action vive les Anglais furent repoussés ; sir John Foster et plusieurs gentilshommes de sa suite furent faits prisonniers et envoyés au régent. Sir George Heron de Chipchase, et d'autres personnages de distinction, restèrent sur le champ de bataille.

Morton, craignant le déplaisir d'Élisabeth, quoique les Anglais eussent été les agresseurs, traita les prisonniers avec beaucoup d'égards, et les renvoya non-seulement sans rançon, mais même comblés de présens de toute espèce, entre autres de faucons. — N'êtes-vous pas bien traités? dit un Écossais à l'un de ces prisonniers qui retournait en Angleterre; nous vous donnons des faucons vivans en place de hérons morts.

Cette escarmouche, appelée l'affaire de Redswair, eut lieu sur les hauteurs de Carter; elle n'interrompit point la bonne intelligence qui régnait entre les deux pays, n'étant considérée que comme une échauffourée accidentelle. L'Écosse jouit donc des bienfaits de la paix pendant la plus grande partie de la régence de Morton.

Mais les avantages que le royaume retirait de la paix furent en quelque sorte détruits par le gouvernement corrompu et oppressif de Morton, dont les pensées semblaient n'avoir presque exclusivement pour objet que d'amasser des trésors par tous les moyens en son pouvoir. Les grands biens qui avaient appartenu à l'Église catholique romaine, étaient une mine féconde que le régent et les autres grands seigneurs cherchèrent à exploiter à leur profit. Ils y parvinrent surtout en traitant avec ceux qui avaient remplacé les abbés et les prieurs en qualité de commanditaires, dénomination sous laquelle on distinguait en Écosse les laïques qui étaient en possession d'un bénéfice ecclésiastique. Les nobles s'adressèrent à ces commanditaires, et, soit de gré soit de force, ils les décidèrent à leur transférer la propriété de ces abbayes, ou du moins de leur en faire un long bail pour la rente la plus modique. Pour que vous compreniez comment ces sortes d'affaires se traitaient, je vais vous en citer un exemple curieux :

Dans le mois d'août 1570, Allan Stewart, commanditaire de l'abbaye de Crossraguel, dans le comté d'Ayr, se laissa persuader d'aller rendre visite au comte de Cassilis, qui le conduisit, en partie contre son gré, dans une tour isolée, nommée le Caveau Noir de Denure, baignée par la mer et dont les ruines sont encore visibles. Il fut traité pendant quelque temps avec beaucoup d'égards, mais quand il vit qu'on lui ôtait ses armes et qu'on écartait de lui ses domestiques, il ne put douter plus long-temps qu'il ne se tramât quelque chose contre lui. Enfin le comte conduisit son hôte dans une chambre secrète où il n'y avait pour tout ameublement qu'un gril de fer sous lequel brûlait un feu de charbon. — A présent, milord abbé, dit le comte de Cassilis, voulez-vous bien signer ces actes? — En disant ces mots, il lui mit dans la main des baux et d'autres papiers, qui transmettaient toutes les terres de l'abbaye de Crossraguel au comte lui-même. Le commanditaire refusa de se démettre de ses biens, et de signer les actes. Une troupe de scélérats entra au même instant, et saisissant l'infortuné, ils le dépouillèrent de ses vêtemens et l'étendirent sur le gril de fer, où il resta, brûlé par le feu qu'on attisait en dessous, tandis qu'ils versaient de l'huile sur son corps comme un cuisinier verse du jus sur le rôti qui tourne sur une broche. L'agonie d'une pareille torture ne pouvait être endurée. Le pauvre homme poussait des cris de détresse, les suppliant de le mettre à mort, plutôt que de l'exposer à des tourmens aussi prolongés, et il offrit sa bourse et tout ce qu'elle contenait à celui qui par pitié lui fracasserait la tête. A la fin il fut obligé de

promettre d'en passer par tout ce que le comte voudrait, plutôt que d'endurer plus long-temps un pareil supplice. Les actes lui étant alors présentés il les signa de sa main à demi brûlée, tandis que le comte s'écriait, pendant ce temps, avec l'hypocrisie la plus impudente :
— *Benedicite!* vous êtes l'homme le plus obstiné que j'aie jamais vu. — Me forcer à en agir de la sorte avec vous! Je n'aurais jamais cru traiter quelqu'un comme votre entêtement m'a obligé de vous traiter. — Le commanditaire fut ensuite délivré par une troupe de ses amis commandée par Hamilton de Bargany, qui attaquèrent le Caveau Noir de Denure, pour le secourir. Mais la conduite farouche et sauvage du comte prouve de quelle manière les nobles se faisaient adjuger les biens de l'Église par ceux qui en étaient alors en possession.

Cependant le comte de Morton donna l'exemple d'une autre manière moins violente de s'approprier les revenus ecclésiastiques. Ce fut en rétablissant l'ordre des évêques, qui avait été supprimé lors de l'établissement de la nouvelle Église presbytérienne. Par exemple, lors de l'exécution de l'archevêque de Saint-André, il fit nommer archevêque à sa place Douglas, qui était recteur de ce diocèse; mais ensuite il ne laissa à ce simulacre de prélat qu'une petite pension sur les immenses revenus de son évêché, et il s'appropria le reste, quoique les rentes fussent toujours perçues au nom de l'archevêque.

Ces innovations et d'autres semblables causèrent

beaucoup de peine à John Knox, le père audacieux et inflexible de la réforme en Écosse. Il vit avec douleur que les seigneurs protestans allaient probablement diminuer encore la faible rétribution qui était accordée au clergé écossais sur les fonds considérables qui avaient appartenu originairement à l'Église de Rome. Il craignit aussi pour l'égalité républicaine quand il vit innover la forme du gouvernement ecclésiastique en introduisant des évêques, quoique avec des revenus limités et un pouvoir restreint. Il avait fait souvent à ce sujet les représentations les plus vives et les plus énergiques au régent Morton; mais lorsque ce grand homme mourut, le régent, qui accompagna ses funérailles, n'en prononça pas moins sur sa tombe un éloge qu'on n'oubliera jamais, — Ci-gît, dit Morton, un homme à qui face d'homme n'a jamais fait peur.

Dans l'état comme dans l'Église, le régent laissa percer les symptômes d'un caractère vindicatif, avare et corrompu. Quoique les guerres civiles fussent terminées, il résolut de se venger sur les Hamilton de l'appui soutenu que cette famille puissante avait prêté au parti de la reine, et des obstacles qu'ils s'étaient efforcés de mettre à son élévation. Il les fit poursuivre comme ennemis de l'état, les chassa de l'Écosse, et s'empara de leurs biens. Le comte d'Arran, frère aîné de la famille, auquel ces biens appartenaient alors, était fou au point d'avoir dû être renfermé; mais cela n'empêcha point Morton de prononcer la confiscation du comté et des terres qui en dépendaient, — abus d'autorité qui révolta tous les honnêtes gens.

Ce n'était pas seulement par la confiscation que Morton s'efforçait d'amasser des richesses. Il vendait toutes les charges qui étaient à sa nomination; il poussait la vénalité jusque dans l'administration de la justice, quoique ce soit l'un des plus grands crimes dont un magistrat public puisse être coupable. En voici un exemple qui se trouve rapporté dans une histoire de la famille de Somerville.

Un seigneur de ce nom ayant un procès important, que l'influence du régent pouvait faire juger comme il le trouverait convenable, résolut de suivre les avis d'une ancienne connaissance de Morton, qui était au fait de son caractère, pour se le rendre favorable; et voici l'expédient singulier qu'il employa : — Lord Somerville se rendit chez le comte de Moron, et lui recommanda son affaire, espèce de sollicitation personnelle qui était alors fort en usage. Après avoir eu quelques instans d'entretien avec le régent, il se leva pour se retirer, et, ouvrant sa bourse sous prétexte d'en tirer quelque argent pour les huissiers et les domestiques, comme c'était la coutume dans ces sortes d'occasions, il la laissa sur la table comme par oubli. Morton lui dit : — Votre bourse, milord; vous oubliez votre bourse. — Mais lord Somerville, qui était déjà à la porte, feignit de ne pas l'entendre et se retira. Il n'entendit plus parler de la bourse, qu'il avait eu soin de garnir d'un assez bon nombre de pièces d'or; mais le jour même, lord Morton jugea l'affaire en sa faveur.

Des exemples réitérés d'une avidité aussi monstrueuse,

finirent à la longue par faire perdre au régent l'affection même de ses meilleurs amis, et son gouvernement devint tellement à charge, que le vœu général était que le roi mît fin à la régence en prenant en main les rênes du gouvernement.

L'opinion publique se manifesta avec tant de force, que, le 12 mars 1578, Morton se démit de ses fonctions de régent, et se retira dans son château de Dalkeith pour y vivre en simple particulier, laissant l'administration à un conseil composé de douze seigneurs. Mais accoutumé à se voir à la tête du gouvernement, il ne put rester long-temps dans l'inaction; et sortant de sa sombre retraite, que le peuple appelait la Caverne du Lion, il sut, en employant la force et l'adresse, chasser les nouveaux conseillers, et, d'après l'ancienne méthode des Douglas, se mettre de nouveau à la tête des affaires publiques. Mais le souverain n'était plus un enfant; il commençait à être en état de penser et d'agir lui-même, et il est nécessaire de vous dire quelques mots de son caractère.

Jacques VI n'était qu'un enfant quand il fut placé sur le trône de sa mère. A l'époque où nous sommes arrivés il n'avait encore que quatorze ans, avait un bon cœur, et toute l'instruction que deux excellens précepteurs avaient pu lui donner. Au fond, il avait plus d'instruction que de prudence, et cependant, dans le cours de sa vie, il parut manquer moins de bon sens que de la fermeté nécessaire pour prendre des mesures énergiques et surtout pour les exécuter. Il y avait dans son caractère quelque chose de puéril et pour ainsi dire de mesquin, qui rendit son bon sens inutile, et son savoir ridicule. Dès sa plus tendre enfance, il se passionna pour des favoris, et à treize ans il avait déjà accordé toute sa confiance à deux courtisans qui s'étaient insinués si avant dans ses bonnes graces, qu'ils faisaient de lui tout ce qu'ils voulaient.

Le premier était Esme Stuart d'Aubigny, neveu du feu comte de Lennox et son héritier. Non-seulement le roi réintégra ce jeune seigneur dans toutes les dignités de sa famille; mais il le créa duc de Lennox, et, avec une générosité trop prodigue, il l'éleva à un poste éminent dans l'état. Il n'y avait dans le caractère de ce favori rien qui justifiât d'aussi grands honneurs, ni rien non plus qui l'en rendit indigne. C'était un bon jeune homme qui était plein de reconnaissance pour les bienfaits du roi, et qui ne cherchait qu'à en jouir sans faire tort à personne.

L'autre favori de Jacques VI était d'un caractère bien différent. C'était le capitaine James Steward, second fils de la famille d'Ochiltree. Sans conduite, sans principes, n'ayant d'autres talens que la ruse et l'adresse, il ne se distinguait que par l'audace de son ambition et l'effronterie de ses manières.

Les conseils de ses deux favoris augmentèrent le désir naturel du roi de mettre un terme au pouvoir de Morton, et Stewart dressa ses batteries pour que le motif de sa disgrace fût en même temps le signal de sa mort. Toutes ses dispositions furent prises avec art, et les chefs d'accusation furent adroitement choisis. Le comte de Morton, en se dépouillant de la régence, avait obtenu le pardon, scellé du grand sceau, de tous les crimes et délits qu'il avait ou qu'il pouvait avoir commis envers le roi; mais il n'était point fait mention dans cette amnistie du meurtre de Henry Darnley, père du roi, meurtre dans lequel le comte de Morton avait certainement trempé. Le favori Stewart se porta lui-même pour accusateur ; et, entrant à l'improviste dans l'appartement du roi au moment où le conseil privé était assemblé, il se jeta aux pieds de Jacques, et accusa le comte de Morton d'avoir été complice de l'assassinat de Darnley. Morton répondit avec un sourire dédaigneux, que la rigueur qu'il avait déployée contre les auteurs de ce crime témoignait assez qu'il n'était pas leur complice. Tout ce qu'il demandait était une enquête impartiale.

Sur cette accusation faite publiquement, le comte, qui, si récemment encore, était l'homme le plus puissant de l'Écosse, fut arrêté, et reçut ordre de préparer sa défense. Les amis qui lui restaient l'exhortèrent vivement à prendre la fuite. Le comte d'Angus, son neveu, offrit de lever des troupes, et de le délivrer de vive force. Morton repoussa ces propositions en disant qu'il attendrait l'issue d'un jugement équitable. La reine d'Angleterre intercéda en faveur de Morton avec tant de chaleur et d'empressement, que les préventions de Jacques ne firent peut-être que s'en accroître contre le prisonnier, qu'il regardait comme plus dévoué aux intérêts d'Elisabeth qu'à ceux de son roi.

Pendant ce temps, l'accusateur Stewart était investi du comté d'Arran, devenu vacant par l'exil des Hamiltons dont tous les biens avaient été confisqués. Morton, qui n'avait pas eu connaissance de cette promotion, fut frappé de surprise quand il apprit que l'accusation était dirigée contre lui au nom de James, comte d'Arran. Lorsqu'on lui expliqua quel était celui qui portait alors ce titre, il s'écria : — En est-il ainsi ? alors je sais ce que je dois attendre. On supposa qu'il se rappelait une ancienne prophétie qui prédisait — que le Cœur-Sanglant (emblème armorial des Douglas) tomberait par la bouche d'Arran ; — et l'on avait même pensé que la crainte de voir cette prophétie s'accomplir était en partie la cause de l'acharnement qu'il avait mis à poursuivre et à détruire cette famille. S'il était vrai, son oppression tyrannique n'avait fait qu'aplanir les voies à la création d'un nouveau comte d'Arran, plus terrible que ceux qu'il avait remplacés.

Le procès de Morton fut conduit sans aucun égard pour les formes ordinaires de la justice. On saisit les serviteurs de l'accusé, et on les appliqua à la torture pour leur arracher des aveux qui compromissent leur maître. Morton récusa deux ou trois des jurés qui étaient ses ennemis mortels ; mais ils n'en furent pas moins conservés. Ils rendirent un verdict portant qu'il était coupable, de cause et de fait (*art and part*), du meurtre de Henry Darnley. On dit qu'un homme est coupable d'un crime, de cause et de fait, quand c'est lui qui l'a conçu, et qu'il excite et encourage ceux qui le commettent, sans mettre la main à l'exécution. Morton, à la lecture de cet arrêt, ne put retenir son indignation. — De cause et de fait ! s'écria-t-il; de cause et de fait! Dieu sait qu'il n'en est rien. — La nuit qui suivit sa condamnation, il dormit d'un profond sommeil, et dit en se réveillant le matin : — Les autres nuits je ne pouvais dormir, parce que je songeais à préparer ma défense; mais à présent mon esprit est soulagé de ce fardeau.

Conjuré par les ministres de la religion qui l'assistaient, d'avouer tout ce qu'il savait sur le meurtre de Henry Darnley, il leur dit, comme nous l'avons rapporté dans un autre endroit, que Bothwell lui avait proposé d'entrer dans la conspiration, ce qu'il avait refusé, à moins qu'on ne lui présentât un ordre signé de la main de la reine, ce que Bothwell promit, mais ce qu'il ne put faire, ou du moins ce qu'il ne fit pas. Morton convint qu'il avait gardé le secret, — car, dit-il, à qui aurais-je pu le découvrir? A la reine? elle était elle-même du complot; à Darnley? il était si borné, que la reine aurait tout su par lui, et lui Morton était également perdu. Il convint aussi qu'il savait qu'Archibald Douglas, son parent et son ami, avait été présent au crime, et qu'au lieu de le livrer à la justice, il lui conserva ses bonnes graces. En un mot, il semblait admettre qu'il méritait son sort pour n'avoir point révélé le complot, quoiqu'il continuât à protester qu'il n'y avait pris aucune part. — Mais cela ne fait rien, dit-il; eussé-je été aussi innocent que saint Étienne ou aussi

7.

coupable que Judas, j'aurais toujours subi le même sort.

Au moment où l'on allait conduire le comte au lieu du supplice, le capitaine Stewart, son accusateur, alors comte d'Arran, vint le presser de signer un papier qui contenait la substance de ses aveux. Morton répondit : — Je vous prie de ne pas me déranger ; je me prépare maintenant à la mort, et je ne puis écrire dans l'état où je suis. Arran demanda alors à se réconcilier avec lui, prétendant qu'il n'avait agi que par des motifs de conscience et par amour du bien public. — Ce n'est pas le temps de songer aux querelles, reprit le comte ; je vous pardonne à vous et à tous les autres.

Cet homme célèbre mourut par une machine appelée la *maiden* (1), qu'il avait lui-même introduite en Écosse, d'Halifax dans le comté d'York. Le criminel soumis à ce supplice était ajusté sur des planches, le corps courbé et la tête placée sous une hache tranchante, pesamment chargée de plomb, qui était suspendue à une corde passée dans une poulie. Lorsque le signal était donné, on lâchait la corde, et la hache, en tombant sur le cou du condamné, séparait nécessairement la tête du reste du corps. Morton se soumit à son sort avec un courage et une résignation tout-à-fait chrétienne ; et en lui mourut le dernier de ces terribles Douglas, dont les talens et la valeur avaient long-temps fait l'orgueil de leur pays, mais qui, par leur ambition, en étaient devenus le fléau. Personne ne sut dire

(1) La *jeune fille*, espèce de guillotine, comme le prouve la description qu'en fait l'auteur. — Éd.

ce que devinrent les trésors qu'il avait amassés, et pour lesquels il avait sacrifié sa popularité et même son honneur. Il était ou feignit d'être si pauvre, qu'en allant à l'échafaud il emprunta de l'argent à un de ses amis, afin de pouvoir faire quelques dernières aumônes aux mendians qui imploraient sa charité. Il en est qui ont pensé que cet amas de richesses était encore enseveli dans quelque caveau secret de son château de Dalkeith, appartenant aujourd'hui au duc de Buccleugh. Mais Hume de Godscroft, qui a écrit l'histoire de la famille de Douglas, dit que le comte d'Angus, neveu de Morton, employa des sommes considérables à soutenir un grand nombre d'exilés, qui comme lui furent bannis d'Écosse, et qu'à la fin on l'avait entendu dire un jour qu'il comptait quelque argent à cet effet : — En voici la fin, et tout est parti à présent. Je n'aurais jamais cru qu'ils auraient pu faire autant de bien. Godscroft pense qu'il voulait parler des trésors du régent Morton, qu'il avait épuisés pour l'entretien de ses compagnons d'infortune.

Après la mort de Morton, ses défauts et ses crimes furent en grande partie oubliés, lorsqu'on vit qu'Arran avait tous ses vices sans avoir ni sa prudence ni ses talens. Lennox, le second favori du roi, n'était guère plus aimé. Il faisait ombrage au clergé, qui le soupçonnait, quoiqu'il professât en public la religion protestante, de conserver un attachement secret pour la foi catholique. Ces soupçons provenaient de ce qu'il avait été élevé en France. Les prédicateurs tonnaient contre lui du haut de la chaire, et parlaient — d'un grand champion, appelé Sa Grace, qui, s'il continuait à s'opposer à la religion, ne trouverait pas *grace* à la fin.

Les seigneurs mécontens formèrent un complot pour soustraire le roi à l'influence de ses favoris, et ils y réussirent en s'emparant de force de la personne du monarque, ce qui, pendant les minorités, était le mode ordinaire suivi pour changer l'administration en Écosse.

Le 23 août 1582, le comte de Gowrie invita le roi à une partie de chasse dans son château de Ruthven. Il y avait rassemblé le comte de Mar, lord Lyndsay, le tuteur de Glamis, et d'autres seigneurs qui avaient été les amis du régent Morton, et qui, comme lui, favorisaient le parti de la reine Élisabeth. Lorsque le roi se vit entouré de tous ces nobles qu'il savait avoir tous la même façon de penser, laquelle était contraire à son gouvernement et aux mesures qu'il prenait, il commença à soupçonner leurs intentions, et manifesta le désir de quitter le château.

Les nobles lui firent entendre qu'il n'en était plus le maître; et, lorsque Jacques se leva pour aller vers la porte de l'appartement, le tuteur de Glamis, homme féroce et grossier, s'y plaça en travers, et le força de revenir sur ses pas. Indigné d'un pareil outrage fait à sa personne, le roi fondit en larmes. — Laissez-le pleurer, dit le tuteur de Glamis d'un ton farouche; il vaut mieux que des enfans pleurent que des hommes qui ont de la barbe. Ces paroles pénétrèrent jusqu'au fond du cœur du roi : il ne les oublia ni ne les lui pardonna jamais.

Les lords insurgés s'emparèrent du gouvernement et exilèrent le duc de Lennox en France, où une maladie de langueur ne tarda pas à le conduire au tombeau. Jacques, par la suite, rappela son fils en Écosse, et lui rendit la fortune et les dignités de son père. Arran, le favori du roi le plus détesté, fut jeté en prison et étroitement gardé. Le roi lui-même, réduit à un état de captivité, comme son aïeul Jacques V l'avait été par les Douglas, ne chercha qu'à gagner du temps, et guetta l'occasion de s'échapper. Sa garde se composait d'une centaine de gentilshommes commandés par le colonel Stewart, parent du favori captif et disgracié, qu'il ne fut pas difficile de décider à faire ce que le roi désirait.

Jacques, d'après le plan qu'il avait formé pour recouvrer sa liberté, fit une visite à Saint-André; et lorsqu'il y fut, il manifesta le désir de voir le château. Mais, dès qu'il y fut entré, il fit fermer les portes, et exclut de sa présence les seigneurs qui avaient trempé dans ce qu'on appelait l'affaire de Ruthven.

Le comte de Gowrie et ses complices, se voyant ainsi privés de leurs emplois et de la garde de la personne du roi, complotèrent de nouveau pour reconquérir le pouvoir qu'ils avaient perdu. Mais leur insurrection ne fut pas heureuse. Le roi marcha contre eux avec des forces considérables ; Gowrie fut fait prisonnier, jugé et exécuté. Angus et les autres insurgés s'enfuirent en Angleterre, refuge ordinaire des exilés écossais. L'exécution de Gowrie amena, long-temps après, cet événement extraordinaire de l'histoire d'Ecosse connu sous le nom de la Conspiration de Gowrie, que je vous raconterai plus tard.

Arran fut réintégré dans sa puissance, et il fut élevé à de plus grands honneurs que jamais par cette affection inconsidérée qui, dans ce cas comme dans plusieurs autres, porta Jacques à accumuler les dignités et les richesses sur ses favoris. C'était lui qui gouvernait tout à la cour et dans les provinces, et malgré son ignorance, sa vanité et ses débauches, il fut élevé au rang de lord-chancelier, la place la plus éminente de la magistrature, et celle qui demande le plus d'instruction, de savoir et de probité.

Un jour qu'il entrait avec fracas dans la cour de justice, suivi d'un cortège nombreux, un vieillard assez mal habillé se trouva par hasard sur son passage. Arran l'ayant poussé rudement, le vieillard l'arrêta et lui dit : — Regardez-moi bien, milord, je suis Olivier Sinclair ! Olivier Sinclair avait été, comme vous vous le rappelez, favori de Jacques V, et il avait exercé sous son règne une autorité tout aussi absolue que celle dont Arran jouissait alors sous son petit-fils Jacques VI. En se présentant devant le favori actuel dans un état voisin de la misère, il lui donnait un exemple de l'inconstance de la faveur des cours. La leçon était frappante; mais Arran n'en profita pas.

Son administration devint si insupportable, qu'en

1585 les lords exilés reparurent en Écosse, et furent reçus partout comme des libérateurs. Ils marchèrent sur Stirling à la tête de dix mille hommes, forcèrent Jacques à leur ouvrir les portes de son conseil, et en usant avec modération de la victoire, ils surent se maintenir dans le pouvoir qu'ils avaient acquis de cette manière. Arran, dépouillé de son comté et de ses richesses mal acquises, fut réduit à traîner une vie misérable au milieu des solitudes du comté d'Ayr, redoutant la vengeance de ses nombreux ennemis.

Le sort qu'il appréhendait finit en effet par l'atteindre. En 1596, voyant ou croyant voir quelque chance de regagner la faveur du roi, et se fiant, dit-on, à la prophétie de quelque devin qui avait prédit — que sa tête serait bientôt elevée plus haut qu'elle ne l'avait jamais été, — il se hasarda à se montrer dans le comté méridional de Dumfries. Il y reçut un avis secret de se tenir sur ses gardes, parce qu'il était près des Douglas, dont le chef, le comte de Morton, avait péri par ses intrigues. On lui recommandait surtout de se défier de James Douglas de Torthorwald, proche parent du comte. Stewart répondit fièrement qu'il ne se dérangerait de sa route ni pour lui ni pour personne du nom de Douglas. Ces paroles furent rapportées à Torthorwald, qui, les regardant comme un défi, monta sur-le-champ à cheval avec trois de ses serviteurs, et se mit à la poursuite du favori disgracié. Ils l'atteignirent, lui passèrent une lance à travers le corps, et le tuèrent sur place sans résistance. Sa tête fut coupée, mise sur la pointe d'une pique, et exposée sur la tour de Torthorwald ; et de cette manière la prophétie du devin s'accomplit dans un sens, puisqu'en effet sa tête se trouva plus élevée qu'elle ne l'était auparavant, quoique ce ne fût pas ainsi qu'il l'avait entendu. Son corps resta pendant plusieurs jours sur la place où il avait été tué, et fut la pâture des chiens et des pourceaux. Telle fut la fin ignominieuse de cet indigne favori.

CHAPITRE XXX.

RIGUEURS AUXQUELLES MARIE EST EXPOSÉE PENDANT SA CAPTIVITÉ. — CONJURATION DE BABINGTON. — PROCÈS DE MARIE. — SA CONDAMNATION ET SON SUPPLICE. — RÈGNE DE JACQUES VI. — DISSENSIONS PARMI LES NOBLES ET ESPRIT SANGUINAIRE DE L'ÉPOQUE. — BUCCLEUGH DÉLIVRE KINMONT-WILLIE RENFERMÉ DANS LE CHATEAU DE CARLISLE. — CONSPIRATION DE GOWRIE. — AVÉNEMENT DE JACQUES A LA COURONNE D'ANGLETETRE.

Je suis sûr que vous êtes impatient de savoir ce que devenait la reine Marie pendant tout ce temps. Nous l'avons laissée, vous le savez, entre les mains de la reine Élisabeth, qui avait refusé de prononcer si sa sœur était innocente ou coupable. C'était en 1568-69, et toutes les lois de l'équité et de la justice exigeaient incontestablement que Marie fût remise en liberté. Elle avait été accusée de faits qu'Élisabeth elle-même avait reconnu n'être pas prouvés, et dont, quand même ils eussent été incontestables, la reine d'Angleterre n'aurait eu aucun droit de se constituer juge. Néanmoins Élisabeth, tout en refusant de déclarer Marie coupable, continuait à la traiter comme si elle l'était effectivement, et à la regarder comme sa sujette, quoique la reine d'Écosse fût une souveraine indépendante qui avait cherché un asile en Angleterre, dans l'espoir d'y trouver cette protection et cette hospitalité que sa sœur n'aurait pas refusée au plus obscur des Écossais fuyant la vengeance des lois de son pays. Lorsque vous lirez l'histoire d'Angleterre, mon enfant, vous verrez qu'Elisabeth était une grande reine qui mérita bien le titre de mère de son peuple (1); mais sa conduite envers la reine Marie obscurcit ses brillantes qualités, et nous conduit à réfléchir quelles pauvres et fragiles créatures sont même les plus sages des hommes, et de quels matériaux imparfaits se composent ce que nous appelons les vertus humaines.

Demandant toujours sa liberté, et ne recevant que des refus ou des réponses évasives, Marie fut transportée de château en château, et placée sous la surveillance de différens gardiens, qui étaient exposés au ressentiment

(1) Le mot *marâtre* serait peut-être plus juste envers une reine si despotique et si cruelle ; mais, comme Louis XI en France, elle humilia la noblesse, et le peuple en profita. Voyez son portrait comme femme, dans *Kenilworth*. — ÉD.

sévère d'Elisabeth lorsqu'ils témoignaient à la pauvre Marie quelques égards qui pussent adoucir les rigueurs de sa captivité; le plus souvent ces égards n'étaient dictés que par la plus simple bienveillance et la pitié qu'inspirait sa grandeur déchue. Son appartement était incommode et ne contenait que les meubles les plus grossiers, et les dépenses de sa maison étaient réglées avec une parcimonie aussi sordide que si c'eût été quelque hôte importun, qui était libre de partir quand cela lui plairait, et dont on cherchait à se débarrasser en le laissant manquer de tout. Ce fut, par exemple, avec la plus grande difficulté, que Marie, reine douairière de France et reine actuelle d'Ecosse, parvint à obtenir un lit de plumes, que de vives douleurs dans les jambes, causées par l'humidité et une trop longue retraite, rendaient un objet de nécessité plutôt que de luxe. Lorsqu'on lui permettait de prendre un peu d'exercice, elle était étroitement gardée comme une criminelle, et si quelqu'un lui donnait quelque marque de respect ou lui adressait quelques mots de consolation, la reine Elisabeth, qui avait ses espions partout, en était bientôt informée, et faisait les plus vifs reproches à ceux qui se trouvaient alors chargés de garder Marie, pour avoir permis qu'on lui donnât ces preuves d'intérêt.

Pendant cette dure captivité, d'une part, et de l'autre l'anxiété, le doute, la jalousie la plus vive, les deux reines n'en continuaient pas moins à entretenir une sorte de correspondance entre elles. Dans le commencement, Marie s'efforça d'adoucir en sa faveur le cœur d'Elisabeth, par la force des argumens, les séductions, de la flatterie, et les appels les plus touchans aux sentimens de la justice et de l'humanité. Elle essaya aussi d'en obtenir par l'intérêt un traitement plus doux en offrant de céder sa couronne et de s'expatrier, si on voulait seulement lui rendre sa liberté. Mais Élisabeth avait de trop grands torts envers la reine d'Écosse pour lui donner les moyens de prendre sa revanche, et peut-être se crut-elle forcée de poursuivre son cruel projet, de crainte que Marie, une fois en liberté, ne cherchât les moyens de se venger, et qu'il fût impossible de la contraindre à remplir alors les engagemens qu'elle aurait pris étant captive.

Désespérant enfin de se rendre Élisabeth favorable, Marie, avec plus d'esprit que de prudence, ne se servit plus de cette correspondance que pour irriter et provoquer, par tous les moyens possibles, la reine d'Angleterre, cédant au désir assez naturel peut-être, mais certainement bien impolitique, de faire ressentir une partie des peines qu'elle éprouvait elle-même, à celle qu'elle regardait avec juste raison comme l'auteur de tous ses maux.

Ayant été long-temps sous la garde du comte de Shrewsbury, dont la femme était médisante et acariâtre, Marie écrivait à Élisabeth que la comtesse l'avait appelée vieille et laide, et avait dit qu'elle était maintenant aussi contrefaite au physique qu'au moral, ajoutant plusieurs autres observations non moins piquantes qu'aucune femme n'aurait pu supporter de sang-froid, et qui, à plus forte raison, blessaient jusqu'au fond du cœur une reine aussi orgueilleuse qu'Elisabeth, et qui désirait tant de passer pour belle. On ne peut douter que ces petites tracasseries n'aient ajouté bien de l'amertume à la haine qu'elle portait déjà à Marie.

Mais indépendamment de ces raisons toutes féminines pour détester sa prisonnière, Élisabeth en avait une autre plus sérieuse pour redouter la reine d'Écosse au moins autant qu'elle la détestait. Le parti catholique était encore très-puissant en Angleterre, et les droits de Marie au trône de ce royaume, comme descendant de la princesse Marguerite, fille de Henry VII, lui semblaient préférables à ceux de la reine Élisabeth qu'il trouvait illégitimes, puisqu'elle était le fruit d'un mariage illégal entre Henry VIII et Anne de Boulen. De leur côté les papes, qui regardaient avec raison Elisabeth comme le plus ferme appui de la religion réformée, s'étaient efforcés de soulever contre elle les Anglais qui étaient encore soumis à l'autorité du Saint Siège. Enfin, en 1570-71, Pie V, qui régnait alors, publia une bulle ou sentence d'excommunication, par laquelle il déclarait Elisabeth déchue de toutes ses espérances de salut dans le ciel, et de son royaume sur la terre; il l'excluait de tous les privilèges accordés aux chrétiens, et l'abandonnait comme une criminelle à quiconque se présenterait pour venger l'Eglise, en mettant à mort sa plus grande ennemie. Le zèle des catholiques anglais s'enflamma en lisant cette bulle du chef de leur Eglise. Un d'eux fut assez hardi pour en afficher une copie sur la porte de l'évêque de Londres, et plusieurs complots furent tramés par les papistes pour détrôner Elisabeth et donner la couronne d'Angleterre à Marie, reine qui était de leur religion, et qu'ils regardaient comme l'héritière légitime du trône.

Aussitôt qu'une de ces conspirations était découverte, une autre semblait se former d'elle-même, et comme le roi d'Espagne avait promis de puissans secours aux catholiques, et qu'ils étaient animés du plus vif enthousiasme, le danger devenait chaque jour plus imminent. On ne peut douter que plusieurs de ces plans n'eussent été communiqués à Marie dans sa prison, et si l'on considère toutes les raisons qu'elle avait de se plaindre d'Elisabeth, il eût été très-étonnant qu'elle eût révélé à son geôlier implacable les projets que formaient ses amis pour la mettre en liberté. Mais ces conspirations successives, et si rapprochées l'une de l'autre, donnèrent lieu à une des lois les plus extraordinaires qui aient jamais été promulguées en Angleterre. Cette loi portait que si quelque insurrection ou quelque atteinte à la personne de la reine Elisabeth venait à être méditée par ou pour quelqu'un qui se crût des droits à la couronne, la reine pourrait nommer une commission composée de vingt-cinq membres qui serait chargée d'examiner ces sortes de délits, et de condamner les coupables. Après la lecture de la sentence, il devait paraître une proclamation déclarant déchus de tous droits au trône ceux en faveur de qui le complot ou l'insurrection aurait eu lieu; et il était spécifié qu'ils pourraient être poursuivis et condamnés à mort. Cette loi barbare avait été conçue de cette sorte pour rendre Marie responsable, non-seulement de ses actions, mais encore de celles des autres; de manière que si les catholiques se soulevaient, quoique sans son ordre, ou même mal gré sa défense, elle perdait ses droits de succession à la couronne, et courait même risque de la vie. Il n'y eut que le zèle des Anglais pour la religion réformée, et leur désir d'assurer la sûreté personnelle d'Elisabeth, qui put les engager à consentir à une mesure si injuste et si oppressive.

Cette loi fut promulguée en 1585, et l'année suivante, Elisabeth trouva un prétexte pour s'en servir contre Marie. Antoine Babington, jeune gentilhomme qui possédait autant de fortune que de talens, zélé catholique et plein d'un enthousiasme chevaleresque pour la cause de la reine d'Ecosse, s'était associé cinq de ses amis, tous remplis de courage, tous de haute naissance comme lui, pour accomplir l'entreprise désespérée d'assassiner Elisabeth et de mettre Marie en liberté. Mais leurs projets furent secrètement révélés à Walsingham, le fameux ministre de la reine d'Angleterre. On les laissa aller aussi loin qu'on crut pouvoir le faire sans danger, et alors il furent saisis, jugés et exécutés.

Elisabeth résolut de profiter de la circonstance pour attenter aux jours de Marie, en la mettant en jugement sous prétexte qu'elle avait encouragé Babington et ses amis dans leur résolution désespérée. Elle fut conduite au château de Fotheringay et placée sous la garde de sir Amias Paulet et de sir Drew Drury, que, d'après leur haine bien connue pour la religion catholique, on supposait disposés à la traiter avec la plus grande rigueur. Son cabinet particulier fut forcé, et on enleva tout ce qui s'y trouvait; ses papiers les plus secrets furent lus et examinés; ses principaux domestiques furent éloignés de sa personne, et on lui prit son argent et ses bijoux. La reine Elisabeth nomma alors des commissaires, aux termes de l'acte du parlement dont je vous ai parlé. Ils étaient au nombre de quarante, choisis parmi ses courtisans et ses conseillers les plus distingués, et ils reçurent ordre de juger Marie, sur sa prétendue complicité dans la conspiration de Babington.

Le 14 octobre 1586, ces commissaires se réunirent dans la grande salle du château de Fotheringay. Marie, abandonnée à elle-même, et n'ayant les conseils ni d'un ami, ni d'un avocat, ni d'un homme de loi, fit cependant une défense digne de sa naissance et de ses talens distingués. Elle refusa d'abord de plaider sa cause devant une cour composée de personnes d'un rang inférieur au sien, et lorsque enfin elle consentit à entendre l'accusation portée contre elle et à la réfuter, elle protesta qu'elle ne prétendait pas reconnaître par là la compétence de la cour, et qu'elle ne le faisait que pour l'honneur de sa réputation.

L'avocat de la couronne représenta la conspiration de Babington comme incontestable, et produisit les copies de plusieurs lettres qu'il attribuait à Marie, et qui approuvaient l'insurrection et même l'assassinat d'Élisabeth. Les déclarations de Nave et de Curle, deux des secrétaires de Marie, confirmèrent le fait prétendu de sa correspondance avec Babington par l'intervention d'un prêtre nommé Ballard. On lut ensuite les aveux de Babington et de ses amis, confessant la part qu'avait eue la reine d'Écosse dans leur criminelle entreprise.

Marie répondit à ces accusations qu'elle n'avait jamais eu la moindre correspondance avec Ballard, et que jamais elle n'avait écrit les lettres qu'on produisait contre elle. Elle ajouta que ce n'était point sur des copies qu'elle devait être jugée, mais sur des lettres écrites de sa propre main, et portant au moins le sceau de ses armes. Elle fit valoir avec chaleur que ses secrétaires avaient été interrogés en secret, et que leurs déclarations avaient été faites sous l'influence de la crainte des tortures, ou de l'espoir des récompenses, ce qui, en effet, est très-probable. Enfin elle prétendit avec toute l'indignation de l'innocence que les aveux flétrissans des conspirateurs ne pouvaient l'atteindre, puisqu'ils avaient été faits par des personnes notées d'infamie, mourant pour un crime infame. Si on voulait se servir de leur témoignage, on devait leur pardonner et les faire comparaître comme accusateurs. Marie avoua que, désespérant depuis plusieurs années d'obtenir secours ou justice de la reine Élisabeth, elle avait, dans sa détresse, réclamé l'assistance des autres souverains, et qu'elle avait aussi cherché à procurer quelque protection aux catholiques persécutés d'Angleterre ; mais elle nia qu'elle eût jamais voulu acheter sa liberté ou le moindre avantage pour les catholiques au prix du sang de qui que ce fût, et elle déclara que si elle avait jamais consenti par paroles, ou même par pensée, à l'assassinat d'Élisabeth, elle était prête non-seulement à se soumettre au jugement des hommes, mais à renoncer même à la miséricorde de Dieu.

Les preuves alléguées contre la reine d'Écosse étaient telles, qu'elles n'auraient pu compromettre la vie du plus vil criminel ; cependant la commission eut la cruauté et la bassesse de déclarer Marie coupable d'avoir trempé dans la conspiration de Babington, et d'avoir machiné et comploté la mort d'Élisabeth, contre les termes exprès du statut qui avait pour objet la sûreté de la reine. Et le parlement d'Angleterre approuva et ratifia cette sentence inique !

On ne devait peut-être pas s'attendre que Jacques VI eût beaucoup d'affection pour sa mère, qu'il n'avait pas vue depuis son enfance, et que sans doute on lui avait représentée comme une méchante femme, dont le seul désir était, si elle parvenait à recouvrer sa liberté, de lui arracher la couronne pour la replacer sur sa tête. Aussi avait-il vu la captivité de Marie sans éprouver cette sympathie qu'un fils eût dû ressentir pour celle qui lui avait donné le jour. Mais, à la nouvelle des poursuites dirigées contre sa vie, il aurait fallu qu'il fût privé des sentimens les plus ordinaires de la nature, pour ne pas s'entremettre en sa faveur, et une pareille conduite eût attiré sur lui les reproches et le mépris de toute l'Europe. Il envoya donc successivement sir William Keith et le seigneur de Gray, pour faire des remontrances à la reine Élisabeth, et pour employer tour à tour les prières et les menaces afin de sauver les jours de sa mère. L'amitié de l'Écosse était alors d'une bien plus grande importance pour l'Angleterre qu'elle ne l'avait été à aucune autre époque de son histoire. Le roi d'Espagne était occupé à rassembler une flotte nombreuse, appelée pompeusement l'*armada invincible*, avec laquelle il se proposait d'envahir l'Angleterre et d'en faire la conquête. Si Jacques VI avait été disposé à ouvrir les portes de l'Écosse aux vaisseaux et aux armées espagnoles, il aurait pu faciliter considérablement cette formidable invasion, en diminuant les risques que l'*armada* avait à courir de la part de la flotte anglaise.

Il paraît donc probable, que si Jacques lui-même eût été bien sincère dans son intervention, ou que son ambassadeur se fût acquitté de la mission qui lui avait été confiée, avec la fermete et la vigueur convenables, cette médiation n'aurait pu manquer de réussir, du moins pour quelque temps. Mais le seigneur de Gray, comme on n'en peut plus douter aujourd'hui, encouragea secrètement Élisabeth et ses ministres à persévérer dans la voie cruelle qu'ils avaient choisie, et poussa la perfidie jusqu'à insinuer que, quoique Jacques n'eût pu décemment s'empêcher d'intercéder en faveur de sa mère, cependant, au fond de son cœur, il ne serait pas très-fâché que Marie, qui, aux yeux d'une partie de ses sujets, était encore reine d'Écosse, fût mise sans bruit de côté. D'après les sourdes menées de cet odieux ambassadeur, Élisabeth fut portée à croire que le ressentiment du roi pour la mort de sa mère ne serait ni long ni violent; et songeant à l'influence qu'elle exerçait sur une grande partie de la noblesse d'Écosse, et au zèle des Écossais, en général, pour la religion réformée, elle en conclut que les motifs provenant de ces circonstances empêcheraient Jacques de faire cause commune avec le roi d'Espagne contre l'Angleterre.

A toute autre époque de l'histoire d'Angleterre, il est probable qu'un souverain qui aurait médité un attentat tel que celui qu'Élisabeth allait commettre aurait été arrêté par le noble sentiment de justice et d'humanité naturel à une nation libre et généreuse, comme le peuple anglais. Mais le despotisme de Henry VIII avait habitué les Anglais à voir le sang des personnages les plus illustres, et même des reines, versé, sous les plus légers prétextes, par la main du bourreau; et l'idée que les jours d'Élisabeth étaient menacés tant que Marie existerait suffisait, dans l'excès de l'affection et du dévouement qu'ils avaient pour leur reine, et que justifiait du reste l'ensemble de son règne, pour les aveugler sur l'injustice révoltante dont une étrangère et une catholique était victime.

Cependant, malgré toutes les préventions de ses sujets en sa faveur, Élisabeth aurait bien voulu que la mort de Marie pût avoir lieu de manière à ce qu'elle ne parût pas elle-même y être pour rien. Ses ministres furent chargés d'écrire aux gardiens de Marie pour leur donner à entendre quel service signalé ce serait rendre à Élisabeth et à la cause protestante que d'abréger les jours de Marie et de l'assassiner en secret. Mais ces gardiens austères, malgré la rigueur et la sévérité de leur conduite à l'égard de leur captive, restèrent sourds à de pareilles insinuations, et bien leur en prit de ne pas les suivre; car Élisabeth n'aurait pas manqué de rejeter sur eux tout le blâme de l'action, et les aurait laissés en répondre sur leurs têtes et sur leurs biens. Cependant elle exhala contre eux son mécontentement, et traita Paulet de — scrupuleux drôle, qui faisait sonner bien haut sa fidélité, mais qui ne savait pas en donner des preuves. —

Néanmoins, comme il devenait nécessaire, d'après les scrupules de Paulet et de Drury, de procéder dans toutes les formes, Élisabeth signa un ordre (*warrant*) pour l'exécution de la sentence prononcée contre la reine Marie, et le remit à Davison, son secrétaire, en lui ordonnant d'y faire mettre le grand sceau. Davison porta l'ordre, signé d'Élisabeth, au conseil privé, et le lendemain le grand sceau y fut apposé. En l'apprenant, Élisabeth affecta d'être mécontente qu'il eût fait tant de diligence, et elle dit à son secrétaire que c'était l'opinion d'hommes éclairés qu'on pourrait s'y prendre autrement avec la reine Marie. Davison crut entrevoir dans ce prétendu changement d'idée le danger que sa maîtresse ne rejetât sur lui le blâme de l'exécution après qu'elle aurait eu lieu. Il instruisit donc le chancelier de ce que la reine lui avait dit, protestant qu'il n'irait pas plus loin dans cette affaire. Les membres du conseil privé se rassemblèrent, et se croyant sûrs de connaître quels étaient au fond les désirs de la reine, ils résolurent de lui épargner la peine de les manifester plus ouvertement; et voulant que la responsabilité, s'il devait y en avoir, retombât également sur eux tous, ils chargèrent Beale, leur greffier, de porter de suite le warrant aux comtes de Kent et de Shrewsbury, auxquels il était enjoint, ainsi qu'au grand-sheriff du comté, de le faire exécuter sans délai.

Marie reçut la triste nouvelle avec la plus grande fermeté. — L'ame, dit-elle, qui tremblerait à la vue de l'échafaud serait indigne des joies du ciel. Elle n'aurait pas cru, ajouta-t-elle, que sa parente eût consenti à sa mort; mais elle ne s'en soumettait pas moins volontiers à son sort. Elle demanda vivement l'assistance d'un prêtre; mais cette faveur, qui est accordée aux plus vils criminels, et à laquelle les catholiques tiennent beaucoup, lui fut inhumainement refusée. La reine écrivit alors ses dernières volontés, et de courtes et tendres lettres d'adieu à ses parens en France. Elle distribua à ses domestiques les objets précieux qui lui restaient, et les pria de les garder par amour pour elle. Ces occupations remplirent la soirée qui précéda le jour fixé pour la fatale exécution.

Le 8 février 1587, la reine, conservant toujours l'air calme et tranquille qu'elle avait montré pendant son prétendu procès, descendit dans la grande cour du château, où l'on avait dressé un échafaud, sur lequel on avait placé un billot et une chaise, et le tout était couvert de drap noir. L'intendant de sa maison, sir André Melville, obtint la permission de prendre, pour la dernière fois, congé d'une maîtresse qu'il avait toujours fidèlement servie. Il se répandit en lamentations prolongées, déplorant le sort de Marie, et se désespérant de n'avoir vécu aussi long-temps que pour porter de pareilles nouvelles en Écosse. — Ne pleure pas, mon bon Melville, dit la reine, mais bien plutôt réjouis-toi ; car tu verras aujourd'hui Marie Stuart délivrée de toutes ses souffrances. Elle eut quelque peine à obtenir que ses femmes pussent l'accompagner sur l'échafaud : on objecta que leurs cris et leurs sanglots démesurés troubleraient de pareils instans ; elle promit pour elles qu'elles sauraient se taire.

Lorsqu'elle fut assise sur la chaise fatale, elle écouta d'un air d'indifférence la lecture du warrant, qui fut faite par Beale, greffier du conseil privé, et elle ne parut pas prêter plus d'attention aux exhortations et aux prières du doyen de Péterborough, auxquelles, comme catholique, elle ne pouvait se joindre. Elle implora le pardon du ciel d'après les formes prescrites par son Église. Alors elle se prépara à la mort, ôtant ceux de ses vêtemens qui auraient pu gêner le coup mortel. Les valets du bourreau lui offrirent leurs services, mais elle les refusa modestement, en disant qu'elle n'était pas accoutumée à se déshabiller devant tant de spectateurs, ni à être servie par de pareils valets de chambre. Elle gronda doucement ses femmes, qui ne pouvaient retenir leurs cris et leurs lamentations, et leur rappela ce qu'elle avait promis en leur nom. Enfin Marie posa sa tête sur le billot, et le bourreau la sépara du corps par deux coups de hache. Alors il l'éleva dans sa main, et le doyen de Péterborough s'écria : — Ainsi périssent tous les ennemis de la reine Élisabeth! Aucune voix, à l'exception de celle du comte de Kent, ne put répondre

Amen; toutes les autres étaient étouffées par les larmes et par les sanglots.

Ainsi mourut Marie, ayant un peu plus de quarante-quatre ans. Ses talens et son esprit n'étaient pas moins remarquables que sa beauté, et l'on ne peut douter de la bonté naturelle de son cœur, ni de la fermeté courageuse de son caractère. Néanmoins elle fut, sous tous les rapports, l'une des princesses les plus infortunées qui aient jamais vécu, depuis le moment où elle vint au monde dans une heure de crise et de danger, jusqu'à celui où une mort violente et terrible mit fin à une triste captivité de dix-huit ans.

La reine Élisabeth, dans le même esprit d'hypocrisie qui avait caractérisé toute sa conduite envers Marie, ne sut pas plus tôt que l'action était consommée qu'elle s'empressa de nier qu'elle y eût aucune part. Elle prétendit que Davison avait agi positivement contre ses ordres en portant le warrant au conseil privé; et afin de donner plus de poids à ses allégations, elle le fit condamner à une forte amende, le priva de tous ses emplois, et lui retira pour toujours ses bonnes graces. Elle envoya un ambassadeur exprès au roi Jacques pour lui faire ses excuses de ce malheureux accident, comme il lui plaisait d'appeler la mort de Marie Stuart.

Jacques témoigna d'abord une grande indignation, qui fut partagée par la nation écossaise. Il refusa de voir l'envoyé anglais, et il exhala des menaces de vengeance. Lorsqu'un deuil général fut ordonné pour la feue reine, le comte d'Argyle parut à la cour armé de pied en cap, comme si c'était la manière la plus convenable de manifester son opinion sur le traitement que Marie avait éprouvé, et sur la conduite que l'Écosse devait tenir. Mais Jacques avait les yeux fixés sur la couronne d'Angleterre; toutes ses craintes et toutes ses espérances se dirigeaient de ce côté, et c'était s'exposer à perdre ce superbe héritage que de déclarer la guerre à Élisabeth. Sans doute la plupart des rois ses ancêtres auraient passé par-dessus de semblables considérations, et se seraient jetés sur l'Angleterre à la tête de toutes les troupes que l'Écosse eût pu leur fournir. Mais Jacques était d'un naturel craintif et pacifique. Il sentait que l'Écosse était trop pauvre, trop divisée, pour pouvoir affronter seule un royaume aussi riche et aussi uni que l'Angleterre. D'un autre côté, si Jacques se liguait avec le roi d'Espagne, il serait probablement abandonné de la partie protestante de ses sujets, et en outre il n'ignorait pas que Philippe avait lui-même des prétentions sur la couronne d'Angleterre; de sorte que seconder ce prince dans l'invasion qu'il méditait, c'était élever une barrière peut-être insurmontable entre lui et le trône dont il était l'héritier présomptif. Jacques s'adoucit donc par degrés; il feignit de croire sincères les excuses de la reine Elisabeth, et bientôt ils furent en aussi bonne intelligence qu'ils l'avaient été avant la mort de l'infortunée Marie.

Jacques se trouvait alors en pleine possession du royaume d'Écosse, et il se montra sous un jour plus favorable qu'à aucune époque postérieure de sa vie. Delivré de James Stewart, son vil conseiller, il agit en grande partie d'après les avis de sir John Maitland, chancelier, frère de ce Maitland de Lethinghton dont nous avons si souvent parlé. C'était un bon et sage ministre, et comme il était dans le caractère de Jacques, qui offrait un singulier mélange de prudence et de faiblesse, de suivre l'impulsion qui lui était donnée, et d'agir bien ou mal, suivant les conseils qu'il recevait, il fit concevoir de lui en Angleterre, et même dans toute l'Europe, une opinion beaucoup plus avantageuse que celle qu'on eut ensuite lorsqu'il fut mieux connu.

Il est vrai que le règne de Jacques en Écosse fut marqué par tant de circonstances délicates et même dangereuses, qu'il était obligé de se tenir constamment sur ses gardes, et de ne point s'écarter des règles les plus strictes de la prudence; car il ne pouvait guère espérer de tenir en respect sa turbulente noblesse, qu'en soutenant la dignité du caractère royal. Si le roi avait eu les moyens de répandre des largesses au milieu de ses sujets puissans, son influence aurait été plus grande; mais bien loin de là, si l'on excepte une rente annuelle de cinq mille livres sterling que lui faisait Élisabeth, ses ressources pour défrayer même les dépenses de sa maison étaient de la nature la plus précaire; ce qui provenait en grande partie du pillage auquel le trésor royal avait été mis pendant les guerres civiles de sa minorité. Le roi était dans une telle dépendance, qu'il ne pouvait même donner un festin sans prier quelques-uns de ses sujets plus opulens de lui envoyer de la volaille et du gibier, et sa garde-robe était si mal montée, qu'il fut obligé d'emprunter une paire de bas de soie au comte de Mar, afin de pouvoir s'habiller convenablement pour recevoir l'ambassadeur espagnol.

D'autres causes contribuaient encore à rendre la position de Jacques embarrassante. Le clergé d'Écosse lui donnait beaucoup de peine. Ses membres exerçaient une puissante influence sur l'esprit du peuple, et ils s'en servaient quelquefois pour intervenir dans les affaires publiques. Sans avoir, comme les évêques d'Angleterre et d'autres pays, la prérogative de siéger au parlement, ils ne s'en mêlaient pas moins de politique, et souvent du haut de la chaire ils parlaient contre le roi et contre son gouvernement. Ils avaient d'autant plus d'audace, qu'ils prétendaient n'être justiciables devant aucune cour civile de ce qu'ils pouvaient dire dans leurs sermons, mais seulement devant les cours spirituelles, comme on les appelait, c'est-à-dire devant les synodes et assemblées générales de l'Église, composés de prêtres comme eux, et par conséquent peu disposés à mettre un frein à la liberté de langage de leurs frères.

Dans une occasion entre autres, le 17 décembre 1569, des disputes de cette sorte entre le roi et l'Église s'envenimèrent à un tel point, que la populace d'Édimbourg, excitée par la violence des sermons qu'elle entendait, s'arma de tout ce qu'elle put trouver, et assiégeant la porte du Tolbooth, où Jacques était occupé à rendre la justice, menaça de l'enfoncer. Le roi fut sauvé par l'intervention de la partie paisible et mieux disposée des habitans, qui prirent les armes pour le protéger. Néanmoins il sortit le lendemain d'Edimbourg dans une grande colère, et il voulait dépouiller cette ville de ses privilèges, pour punir l'insolence des mutins. On eut beaucoup de peine à l'apaiser, et il ne paraît même pas qu'on y parvint complètement; car il fit occuper la Grande-Rue (*High-Street*) d'Édimbourg par un grand nombre des clans des frontières et des Highlands. Les citoyens, effrayés à la vue de ces bandes farouches et indisciplinées, crurent que la ville allait être livrée au pillage; et l'alarme fut à son comble. Mais le roi, qui ne voulait que les effrayer, fit aux magistrats une longue harangue sur les excès dont il avait à se plaindre, et après avoir reçu leurs excuses il finit par leur pardonner.

Un autre fléau du règne de Jacques VI, furent les insurrections réitérées d'un seigneur turbulent, nommé Francis Stewart, comte de Bothwell, qu'il ne faut pas confondre avec James Hepburn, qui portait ce titre sous le règne de Marie. Ce second comte de Bothwell était parent du roi, et il employa la force, à plusieurs reprises, pour chercher à s'emparer de sa personne, afin de gouverner l'état, comme les Douglas l'avaient fait anciennement, en tenant le roi prisonnier; mais quoiqu'il ait été une ou deux fois sur le point d'y parvenir, Jacques trouva toujours moyen de lui échapper, et finit par avoir assez de puissance pour bannir à jamais Bothwell de sa présence. Il mourut dans l'exil, l'objet du mépris général.

Mais ce qui, à cette époque, était sans contredit la

plus grande peste pour le pays, c'étaient ces *haines à mort* qui se transmettaient de père en fils parmi les nobles et les gentilshommes, et qui avaient les résultats les plus sanglans, tandis que le caractère naturellement indulgent du roi, qui le portait à pardonner à ceux qui avaient commis les actes de violence les plus répréhensibles, rendait le mal encore plus frappant. En voici un exemple remarquable.

Le comte de Huntly, chef de la puissante famille de Gordon, et l'homme qui exerçait le plus d'influence dans le nord de l'Écosse, s'était trouvé avoir quelques différends relatifs à des terres avec le comte de Murray, gendre du comte régent du même nom; et dans le cours de ces querelles, un frère de Gordon de Cluny, John Gordon, avait été tué d'un coup de fusil tiré du château de Murray dans le Darnoway. C'en était assez pour rendre les deux familles ennemies implacables, quand même elles auraient vécu auparavant dans la meilleure intelligence. Murray était un si bel homme, qu'on ne l'appelait généralement que le beau comte de Murray. En 1592, il fut accusé d'avoir prêté main-forte à Stewart, comte de Bothwell, dans l'une de ses entreprises contre la personne du roi. Jacques, ne se rappelant probablement pas l'animosité qui régnait entre les deux comtes, envoya l'ordre à Huntly de lui amener le comte de Murray. Huntly, charmé sans doute d'une mission qui lui fournissait l'occasion de se venger de son ennemi, assiégea le château de Dunnibirsel, sur la rive septentrionale du Forth, et somma Murray de se rendre. En réponse on fit une décharge qui blessa mortellement l'un des Gordons. Les assaillans s'apprêtèrent à mettre le feu au château ; et Dunbar, sheriff du comté de Murray, dit au comte en voyant leur projet : — Ne restons pas ici pour périr au milieu des flammes ; je vais sortir le premier, et pendant que les Gordons, me prenant pour Votre Seigneurie, me mettront à mort, vous profiterez de la confusion pour vous sauver. En effet, ils se précipitèrent au milieu des ennemis, et Dunbar y perdit la vie. Mais sa mort ne sauva point le comte, comme il l'avait généreusement espéré. Murray réussit bien à s'échapper pour le moment ; mais comme il s'enfuyait vers les rochers qui bordent la mer, il fut reconnu aux tassettes de soie attachées à son casque, qui avaient pris feu lorsqu'il s'était frayé un passage au travers des flammes. Guidés par cette espèce de fanal, ses ennemis le poursuivirent de colline en colline, et Gordon de Buccleugh, qui fut, dit-on, le premier qui l'atteignit, le blessa mortellement. Pendant que Murray était étendu tout haletant dans une horrible agonie, Huntly arriva, et la tradition rapporte que dès que Gordon aperçut son chef, il dirigea contre lui la pointe de son poignard en s'écriant : — De par le ciel ! milord, vous y serez pour autant que moi ; et il le força de faire une nouvelle blessure au comte qui se mourait. Huntly, d'une main mal assurée, frappa Murray à la figure. Celui-ci, pensant à sa grande beauté, même dans cette crise terrible, murmura en expirant ces dernières paroles : — Vous avez gâté une figure qui valait mieux que la vôtre.

Après cet acte de violence, Huntly ne se soucia pas

de retourner à Édimbourg, mais il s'enfonça dans le nord. Il se réfugia momentanément dans le château de Ravenscraig, appartenant au lord Sinclair, qui lui dit, avec ce mélange de prudence et d'hospitalité qui distingue les Écossais, qu'il avait du plaisir à le recevoir, mais qu'il en aurait deux fois plus à lui voir passer son chemin. Par la suite Gordon témoigna beaucoup de repentir du crime qu'il avait commis.

Bientôt après trois seigneurs catholiques, les comtes de Huntly et d'Errol, qui avaient toujours professé cette religion, et le comte d'Angus, qui s'était converti au catholicisme, furent accusés d'entretenir des intelligences avec l'Espagne, et de vouloir introduire des troupes espagnoles en Écosse pour y rétablir leur culte. Les détails qu'on rapportait sur cette conspiration ne semblent pas très-probables; néanmoins le roi donna ordre au comte d'Argyle de marcher contre eux avec les troupes réunies dans le nord par lord Forbes et autres seigneurs protestans, et montra dans cette guerre l'enthousiasme religieux qui animait également les réformateurs et les catholiques. Argyle leva aussi des corps nombreux de montagnards, qui se souciaient fort peu de religion, mais qui aimaient extrêmement le pillage.

L'armée d'Argyle, forte d'environ dix mille hommes, rencontra Huntly et Errol à Glenviat, le 3 octobre 1594. Le combat fut très-vif. Les deux comtes n'avaient pas plus de quinze cents cavaliers; mais c'étaient tous gentilshommes bien montés et armés de pied en cap, tandis que les soldats d'Argyle n'avaient que leurs plaids et leurs toques. En outre, Huntly et Errol avaient deux ou trois pièces de canon, dont les montagnards, qui n'étaient accoutumés à rien de semblable, eurent une grande peur. Le résultat du combat fut que, quoique la cavalerie eût à gravir une colline encombrée de pierres et de quartiers de roc, et malgré le courage et l'acharnement avec lequel les montagnards se défendirent, la petite troupe des deux comtes enfonça les rangs de ses ennemis, y jeta le désordre, en fit un grand carnage et les força à prendre la fuite. Du côté d'Argyle, il y eut quelque trahison. On dit que les Grants, proches voisins, et quelques-uns même vassaux, des Gordons, le quittèrent au milieu de la mêlée pour se joindre à leurs anciens amis. Le Chef de Mac-Lean se défendit avec un grand courage; mais il fut à la fin obligé de céder. Ce fut une des occasions où l'infanterie irrégulière des Highlands se trouva inférieure à la cavalerie compacte des basses terres, qui avec ses longues lances la renversait et la dispersait dans tous les sens.

A la nouvelle de la défaite d'Argyle, le roi s'avança lui-même dans le nord à la tête d'une petite armée, et il rétablit la tranquillité en châtiant les comtes insurgés.

Nous avons déjà dit que, dans ces temps de désordre, il n'y avait pas jusqu'aux enfans qui n'eussent leurs *haines à mort*, qui ne portassent des armes et n'imitassent les excès de leurs pères. Voici un exemple de leur férocité prématurée, qui arriva en septembre 1595. Les élèves de la grande école d'Édimbourg (*high-school*) ayant eu une contestation avec leurs maîtres sur la longueur de leurs vacances, résolurent d'employer la force pour obtenir une prolongation. En conséquence, ils prirent possession de l'école, s'y barricadèrent, et en refusèrent l'entrée à leurs maîtres. Ce sont de ces folies dont on a vu des exemples dans d'autres collèges ; mais ce qui caractérisa la révolte des écoliers d'Édimbourg, c'est qu'ils se défendirent avec l'épée et le pistolet, et quand le bailli Mac-Morran, l'un des magistrats, donna ordre à la force armée d'entrer, trois des enfans tirèrent sur lui, et le tuèrent sur la place : aucun d'eux ne fut puni, parce qu'il fut impossible de découvrir quel était le coupable, ou plutôt parce que deux d'entre eux étaient des fils de gentilshommes. Vous voyez par là que l'esprit sanguinaire de l'époque régnait jusque parmi les enfans.

Il est juste de dire, à l'honneur de Jacques VI, qu'il adopta toutes les mesures qui étaient en son pouvoir pour mettre un terme à ces scènes funestes de violence et de désordres. Des lois sages furent rendues pour prévenir des excès qui étaient parvenus à un tel degré; et afin d'éteindre les haines parmi les nobles, Jacques engagea ceux qui avaient des motifs d'animosité l'un contre l'autre, à se prendre la main et à se réconcilier sous ses yeux. Ils obéirent, et, se mettant lui-même à leur tête, il les fit marcher en procession jusqu'à la Croix d'Édimbourg, se tenant toujours par la main, en signe de parfaite réconciliation, tandis que le prévôt et les magistrats dansaient devant eux pour exprimer leur joie de voir la concorde et la bonne intelligence si heureusement rétablies. Peut-être cette réconciliation était-elle trop précipitée pour être durable ; mais il en résulta néanmoins de bons effets : la loi par degrés acquit plus d'influence, et les passions des hommes devinrent moins violentes, lorsqu'on vit qu'il y avait du danger à s'y abandonner.

Je dois maintenant remplir ma promesse, et vous raconter ici un autre exploit arrivé sur les frontières. Ce fut le dernier qui y fut accompli ; mais assurément ce ne fut pas le moins remarquable, sous plus d'un rapport. Les Gardiens anglais et écossais, ou leurs délégués, avaient fait une trêve d'un jour, pour régler à l'amiable les différends qui pouvaient être survenus entre les habitans des deux pays sur la frontière, et, après être tombés d'accord ensemble, ils retournaient tranquillement chez eux avec leur suite. Dans ces sortes de réunions, c'était une règle invariable qu'il y eût une trêve de vingt-quatre heures, et que tous ceux qui, de part et d'autre, avaient accompagné le Gardien au lieu de la conférence, eussent la permission de retourner chez eux sans être inquiétés.

Or, il était venu, entre autres, avec le Gardien écossais, un insigne maraudeur nommé William Armstrong, mais plus généralement connu sous le nom de Kinmont Willie. Cet homme suivait à cheval la rive septentrionale du Liddel, dans l'endroit où cette rivière sépare l'Angleterre de l'Écosse, lorsque quelques Anglais qui avaient quelques motifs d'inimitié personnelle contre lui, ou qui avaient eu à souffrir de ses déprédations, ne purent résister à la tentation de l'attaquer. Ils passèrent donc la rivière, poursuivirent Kinmont Willie pendant plus d'un mille sur le territoire même de l'Écosse, le firent prisonnier, et le conduisirent au château de Carlisle.

Comme cet homme faisait beaucoup de bruit, criait hardiment qu'on avait violé la trève dans sa personne, et demandait d'un ton péremptoire à être mis en liberté, lord Scrope lui répondit d'un air railleur qu'il ne quitterait point le château sans lui dire adieu, voulant dire par-là qu'il ne partirait point sans sa permission. Le prisonnier s'écria hardiment qu'il aurait soin, avant de s'en aller, de lui souhaiter une bonne nuit.

Le lord de Buccleuch, qui était Gardien de Liddesdale, demanda la délivrance de Kinmont Willie, et se plaignit de ce qu'en le faisant prisonnier, on avait violé les lois des frontières, ajoutant que c'était une insulte qu'il regardait comme personnelle. Lord Scrope refusa, ou du moins éluda de mettre Kinmont en liberté. Alors Buccleuch lui envoya un défi que lord Scrope s'excusa de ne pouvoir accepter, sous prétexte des fonctions publiques qu'il exerçait. Le Chef écossais résolut donc de recourir à la force pour venger l'affront qui lui avait été fait, ainsi qu'à son pays. Il rassembla trois cents hommes d'élite, et se dirigea vers le château de Carlisle pendant la nuit. Une partie de la troupe mit pied à terre, tandis que les autres restèrent à cheval pour repousser toute attaque qui pourrait venir de la ville. La nuit était très-sombre, et la pluie tombait par torrens. Ceux qui étaient descendus de cheval approchèrent du pied des murs, et s'efforcèrent de les escalader à l'aide des échelles qu'ils avaient apportées dans cette intention. Mais les échelles se trouvèrent trop courtes. Alors, à l'aide d'autres instrumens dont ils avaient eu soin de se pourvoir, ils enfoncèrent une poterne ou fausse porte, et entrèrent dans le château.

Leur chef leur avait expressément enjoint de ne faire de mal à personne, à moins qu'on ne voulût leur opposer de la résistance, de sorte que le petit nombre de gardes qui se rassemblèrent au premier bruit furent repoussés sans coup férir. Une fois maîtres du château, ils sonnèrent de la trompette, à la grande alarme des bons habitans de Carlisle, qui, se réveillant en sursaut, furent tout étonnés d'entendre, à une pareille heure, des sons de guerre. Les cloches du château furent mises en branle, celles de la cathédrale leur répondirent; les tambours battirent aux armes, et des fanaux furent allumés pour répandre l'alarme dans tous les environs.

Pendant ce temps, les Écossais avaient rempli l'objet de leur expédition. Ils avaient délivré Kinmont Willie de sa prison. La première chose que fit Armstrong fut de crier de toutes ses forces : — Bonne nuit à lord Scrope, lui demandant en même temps s'il ne voulait rien en Écosse (1). La petite troupe obéit strictement aux ordres de son chef en s'abstenant de prendre aucun butin. Ils revinrent du château, emmenant avec eux leur compatriote, et un gentilhomme nommé Spencer, qui était attaché au constable du château. Buccleuch le

(1) Voyez les *Chants populaires d'Écosse.* — Éd.

renvoya en le chargeant de faire ses complimens à Salkeld, le constable, qu'il estimait meilleur gentilhomme que lord Scrope, ajouta-t-il, et de lui dire que c'était le Gardien de Liddesdale qui avait fait ce coup, et qu'il le priait, s'il tenait à passer pour un homme d'honneur, de se mettre en campagne et de prendre sa revanche. Buccleuch donna alors le signal de la retraite, qui se fit tranquillement et avec beaucoup d'ordre, et il rentra en Écosse au point du jour, sain et sauf et couvert de gloire. « Oncques ne fut acte de vasselage si vaillamment accompli en Ecosse, dit un vieil historien, voire même du temps de Wallace. »

La reine Elisabeth, comme vous pensez bien, fut furieuse de cette insulte, et elle demanda que Buccleuch lui fût livré pour avoir commis une agression pareille sur les frontières en temps de paix. L'affaire fut soumise au parlement écossais. Le roi Jacques parla lui-même pour Elisabeth, voulant sans doute se mettre dans les bonnes graces de cette princesse, par sa docilité et son empressement à exécuter ses volontés. Le secrétaire d'état répondit en présentant la défense de Buccleuch, et le parlement écossais décida que la question serait soumise à des commissaires choisis par les deux peuples, et qu'il attendrait leur décision. Mais quant à la demande de livrer Buccleuch aux Anglais, le président déclara à haute voix qu'il serait assez temps que Buccleuch passât en Angleterre lorsque le roi s'y rendrait lui-même.

Buccleuch mit fin à la discussion en partant pour

Londres à la demande du roi, et sur la promesse qu'il ne lui serait fait aucun mal. La reine Élisabeth voulut le voir, et elle lui demanda comment il osait commettre de semblables agressions sur son territoire. Il répondit intrépidement qu'il ne connaissait point la chose qu'un homme n'osat point faire. Cette réponse plut à Élisabeth, qui le traita avec distinction pendant le temps qu'il resta en Angleterre, ce qui ne fut pas long.

Mais l'aventure la plus étrange du règne de Jacques fut l'événement appelé la conspiration de Gowrie, sur laquelle il règne une sorte de mystère que le temps n'a pas encore complètement éclairci. Vous devez vous rappeler qu'il y eut un comte de Gowrie qui fut condamné et exécuté lorsque Jacques n'était qu'un enfant. Ce seigneur laissa deux fils, qui reçurent une brillante éducation en pays étranger, et qu'on regardait comme des jeunes gens d'une grande espérance. Le roi rendit à l'aîné le titre et le domaine de Gowrie, et les deux frères étaient en grande faveur auprès de lui.

Un beau matin, c'était dans le mois d'août 1600, Alexandre Ruthven, le plus jeune des deux frères, vint trouver le roi qui était à chasser dans le parc de Falkland, et il lui raconta qu'il venait d'arrêter un homme qui lui avait paru suspect, et qui portait sous son manteau un grand pot rempli de pièces d'or. Il l'avait fait renfermer, ajouta-t-il, dans la maison de son frère, jusqu'à ce que le roi pût l'interroger lui-même, et prendre possession du trésor. Avec cette histoire il attira Jacques loin du reste de la chasse, et lui persuada de venir avec lui jusqu'à Perth, sans autre suite que quelques seigneurs et un petit nombre de domestiques qui accompagnèrent le roi sans en avoir reçu l'ordre.

Arrivés à Perth, ils entrèrent dans Gowrie-House, résidence du comte, grand édifice massif dont les jardins se prolongeaient jusqu'à la Tay. Le comte de Gowrie parut surpris de voir arriver le roi si inopinément, et il fit aussitôt préparer quelques rafraîchissemens pour Sa Majesté. Après le dîner, Alexandre Ruthven le pressa de venir avec lui voir secrètement le prisonnier, et Jacques, curieux par caractère, et assez pauvre pour saisir avec empressement une occasion de réparer ses finances, le suivit d'appartement en appartement, jusqu'à ce que Ruthven le fit entrer dans une petite tour où se trouvait, non pas un prisonnier avec un pot rempli de pièces d'or, mais un homme armé, prêt, à ce qu'il semblait, à exécuter quelque entreprise violente.

A cette vue, le roi tressaillit et voulut revenir sur ses pas ; mais Ruthven arracha le poignard que tenait l'homme armé, et le mettant sur la poitrine du roi, il lui rappela la mort du comte de Gowrie son père, et lui conseilla de se soumettre sans résistance, s'il ne voulait périr à l'instant même. Jacques se répandit en reproches contre Ruthven, l'accusant d'ingratitude, et se défendant d'avoir été pour rien dans la mort de son père, puisque alors il n'était qu'un enfant. Le conspirateur, soit remords, soit quelque autre motif, assura le roi que sa vie ne courrait aucun danger, et il le laissa dans la tourelle avec l'homme armé, qui ne paraissait pas très-bien choisi pour jouer un rôle dans cette sanglante tragédie; car il tremblait sous son armure, et semblait hors d'état de prêter le moindre secours ni au roi ni à son maître.

Voyons maintenant ce qui se passait en bas pendant que cette scène étrange avait lieu entre le roi et Ruthven. Les personnes de la suite du roi commençaient à s'étonner de son absence, lorsque tout à coup elles furent informées par un domestique du comte de Gowrie que le roi venait de monter à cheval et de repartir pour Falkland. Elles se précipitèrent aussitôt dans la cour, et demandèrent leurs chevaux, tandis que le comte montrait beaucoup d'empressement de les voir partir. Dans ce moment le concierge intervint, et assura que le roi ne pouvait être sorti, attendu qu'il avait les clefs du château, et qu'il était bien certain que personne n'était sorti. A ces mots, Gowrie s'emporta beaucoup, s'écria que cet homme ne savait ce qu'il disait, et soutint que le roi était parti.

Pendant que les seigneurs de la suite de Jacques ne savaient que penser, une voix à demi étouffée, mais néanmoins déchirante, se fit entendre de la fenêtre d'une petite tourelle au-dessus de leurs têtes. — Au secours! Trahison! Au secours! milord de Mar! Ils levèrent les yeux, et aperçurent Jacques qui, de l'air le plus agité, passait la tête à travers la fenêtre, tandis qu'une main le tenait par la gorge, comme si quelqu'un s'efforçait de le tirer par derrière.

Voici l'explication de cette scène. — Le roi, resté

seul avec l'homme armé, avait, à ce qu'il paraît, obtenu de lui d'ouvrir la fenêtre. Dans ce moment, Alexandre Ruthven rentra, et s'écriant qu'il n'y avait point de remède, qu'il fallait que le roi pérît, il se jeta sur lui, et voulut employer la force pour lui lier les mains avec une jarretière. Jacques résista, et traînant Ruthven à la fenêtre, alors ouverte, il appela, comme nous l'avons vu, ses gens à son secours. Ceux-ci se hâtèrent d'accourir à sa voix. Le plus grand nombre se précipita vers le grand escalier, où ils trouvèrent toutes les portes fermées, et ils se mirent aussitôt à frapper à grands coups pour les enfoncer. Pendant ce temps, un page du roi, nommé sir John Ramsay, découvrit un escalier qui conduisait à la tourelle, où Ruthven et le roi luttaient encore ensemble. Ramsay frappa Ruthven de deux coups de poignard, Jacques lui criant de frapper fort, parce qu'il avait une cuirasse sous ses habits. Alors Ramsay poussa le corps de Ruthven expirant du côté de l'escalier dérobé, où il fut trouvé par sir Thomas Erskine et sir Hugues Herries, qui l'achevèrent avec leurs épées. Ses dernières paroles furent : — Hélas! je ne suis point à blâmer pour cette action.

A peine ce danger était-il passé, que le comte de Gowrie parut à la porte, une épée nue dans chaque main, suivi de sept hommes armés, et demandant vengeance de la mort de son frère. Les défenseurs du roi, qui n'étaient que quatre, se précipitèrent au-devant d'eux, refermèrent la porte sur le roi, pour mettre sa personne en sûreté, et commencèrent un combat d'autant plus désespéré, qu'ils n'étaient que quatre contre huit, et que Herries était boiteux et presque perclus de tous ses membres. Mais sir John Ramsay ayant percé le comte de Gowrie à travers le cœur, celui-ci tomba mort sans dire un seul mot, et ses gens prirent la fuite. Les portes du grand escalier furent alors ouvertes aux nobles qui faisaient de vains efforts pour se frayer un passage jusqu'au roi.

Pendant ce temps, un nouveau péril menaçait le roi et sa petite troupe. Le comte de Gowrie qui venait d'être immolé était le prévôt de la ville de Perth, et il était fort aimé des habitans. Dès qu'ils apprirent ce qui venait d'arriver, ils coururent aux armes, et entourèrent le château où s'était passée cette sanglante tragédie, demandnt à grands cris leur prévôt, et jurant que, s'il ne leur était pas rendu sain et sauf, l'habit vert du roi leur en répond it. Les magistrats de la ville eurent beaucoup de peine à les apaiser; mais enfin ils y parvinrent, et la populace se dispersa.

Il n'est guère d'événement dans l'histoire qui soit enveloppé de plus de ténèbres que cette étrange conspiration ; et ce qui la rend plus étrange encore, c'est que l'homme armé qui avait été posté dans la tourelle ne put fournir aucune lumière. Il se trouva être un nommé Henderson, intendant du comte de Gowrie, qui avait reçu ordre de s'armer pour prendre un voleur des Highlands, et il avait été placé dans la tour par Alexandre Ruthven, sans qu'on lui eût dit ce qu'il avait à faire, de sorte que tout ce qui se passa fut pour lui un sujet de surprise. Le mystère parut si impénétrable, et le récit reposait en si grande partie sur le seul témoignage de Jacques, que beaucoup de personnes crurent alors, et quelques historiens même croient encore aujourd'hui, que ce n'étaient pas les deux frères qui avaient conspiré contre le roi, mais bien le roi contre les deux frères; et que Jacques, ayant contre eux quelques sujets d'animosité, avait imaginé toute cette scène, pour rejeter ensuite tout le blâme sur les Ruthvens, et les en rendre les victimes. Mais sans parler du caractère doux et humain de Jacques, et laissant même de côté la considération qu'on ne peut assigner, ni même se figurer de motif suffisant qui ait pu le porter à un meurtre aussi atroce, on doit faire attention que le roi était naturellement craintif, et qu'il ne pouvait pas seulement regarder une épée nue sans tressaillir; de sorte qu'il est contre toute raison et toute vraisemblance de supposer qu'il pût être l'auteur d'un complot dans lequel sa vie fut à plusieurs reprises dans le plus grand danger. Cependant beaucoup de membres du clergé refusèrent d'obéir à l'ordre de Jacques de célébrer de solennelles actions de graces pour la délivrance du roi, faisant entendre, sans beaucoup de ménagement, qu'ils doutaient fort de la vérité de son histoire. L'un d'eux, pressé par le roi, finit par dire, « — que sans doute il devait le croire, puisque Sa Majesté disait qu'elle l'avait vu, mais que quand même il l'aurait vu lui-même, il n'en aurait pas cru ses propres yeux. » Jacques fut très-mortifié de cet excès d'incrédulité, car il était dur pour lui de voir révoquer en doute son témoignage après qu'il avait couru un tel danger.

Ce ne fut que neuf ans après, que quelque jour fut

jeté sur cette affaire par un nommé Sprot, notaire public, qui, par pure curiosité, était parvenu à se procurer certaines lettres qu'on disait avoir été écrites au comte de Gowrie par Robert Logan de Restalrig, homme turbulent, de mauvaises mœurs, et toujours prêt à comploter. Dans ces lettres, il était fait sans cesse allusion à la mort du père de Gowrie, à la vengeance qu'on méditait, et à l'exécution de quelque grande et périlleuse entreprise. Enfin il y était dit que les Ruthvens devaient amener par mer un prisonnier à la forteresse de Fast-Castle, tour isolée et inaccessible appartenant à Logan, et située sur les côtes de Berwick. Logan recommande cette tour comme le lieu le plus sûr où l'on puisse garder secrètement quelque prisonnier important, et il ajoute qu'il y avait caché Bothwell dans sa plus grande détresse, « à la barbe du roi et de son conseil. »

Toutes ces expressions semblent indiquer un complot dirigé, non point contre les jours du roi, mais contre sa liberté personnelle, et elles font présumer que, lorsque Alexandre Ruthven avait employé les menaces pour forcer le roi à garder le silence et à se soumettre, l'intention des deux frères était de l'entraîner à travers les jardins, de le mettre à bord d'une chaloupe, de descendre la Tay, et après un signal convenu, auquel Logan fait allusion, de déposer leur illustre prisonnier dans la forteresse de Fast-Castle. S'emparer de la personne du roi était une entreprise qui était loin d'être sans exemple parmi les seigneurs écossais, et le père des Ruthvens avait perdu la vie dans une tentative semblable. Si l'on adopte que tel était leur projet, il est probable que la reine Élisabeth n'y était pas étrangère. En effet, elle s'était trouvée si bien d'avoir retenu Marie en prison, qu'elle avait pu former quelque plan de ce genre pour obtenir la garde de son fils.

Je ne dois pas terminer cette histoire sans ajouter que le corps de Logan fut apporté devant une cour de justice, qu'il fut jugé après sa mort, déclaré coupable, et frappé d'une sentence qui prononçait la confiscation de tous ses biens. Mais ce qui n'a pas été remarqué, c'est que Logan, libertin, prodigue et extravagant, avait aliéné la plus grande partie de sa fortune avant de mourir, et que, par conséquent, le roi ne pouvait avoir aucun intérêt à suivre ces anciennes et barbares formes de procédure. Le sort de Sprot, le notaire, fut aussi triste que bizarre. Il fut condamné à être pendu, pour avoir gardé ces lettres en sa possession, sans les communiquer au gouvernement, et la sentence fut exécutée; Sprot continuant à assurer jusqu'au dernier soupir que les lettres étaient authentiques, et qu'il ne les avait conservées que par curiosité. Il l'affirma de nouveau même dans l'agonie de la mort; car déjà il avait été précipité de l'échelle fatale, lorsque, invité à confirmer par quelque signe la sincérité de ses aveux, on dit qu'il frappa trois fois dans ses mains. Néanmoins quelques personnes continuèrent à croire que la déposition de Sprot était mensongère, et que les lettres étaient forgées; mais il semble qu'il y a un excès d'incrédulité à suspecter des aveux dont le résultat fut de conduire au gibet celui qui en était l'auteur; et maintenant les lettres produites par Sprot sont regardées comme authentiques par les meilleurs juges en cette matière. Ce fait une fois reconnu, il devient évident que le but de la conspiration de Gowrie était d'emprisonner le roi dans la forteresse inaccessible de Fast-Castle, et peut-être ensuite de le remettre entre les mains de la reine Élisabeth (1).

Nous approchons maintenant de la fin de cette histoire. Le roi Jacques VI épousa la fille du roi de Danemarck, qui s'appelait Anne de Danemarck; ils eurent des enfans, ce qui fut un grand titre pour eux aux yeux des Anglais, qui commençaient à se lasser de voir leur couronne passer de femme en femme, sans qu'il y eût aucune perspective de succession masculine. Ils commencèrent donc à regarder Jacques comme le plus proche héritier de Henry VIII, et le successeur légitime au trône, lorsque Élisabeth viendrait à mourir. La reine était alors très-âgée, d'une mauvaise santé, et la mort d'Essex, son favori, lui porta le coup le plus sensible. Depuis le moment où il fut exécuté, à peine eut-elle un seul intervalle de santé et même de raison. Elle restait assise toute la journée sur des coussins, tenant un doigt dans sa bouche, ne faisant attention à rien de ce qui se passait autour d'elle, si ce n'est aux prières que de temps en temps on récitait dans sa chambre.

Tandis que la reine d'Angleterre était ainsi dans les souffrances d'une lente et douloureuse agonie, ses sujets

(1) Cette conspiration a fourni le sujet de Saint Johnstoun, ou le Dernier Comte de Gowrie, l'un des meilleurs romans de l'école de Walter Scott. — Tr.

cherchaient à se concilier les bonnes graces de Jacques son successeur, avec lequel Cecil lui-même, premier ministre d'Angleterre, entretenait depuis long-temps une correspondance secrète. A peine Élisabeth avait-elle rendu le dernier soupir, que sir Robert Carey, son parent et son filleul, monta à cheval, et voyageant avec une rapidité presque égale à celle de nos malle-postes modernes, porta au palais d'Holyrood la nouvelle que Jacques était roi d'Angleterre, de France et d'Irlande, aussi-bien que d'Écosse.

Jacques arriva à Londres le 7 mai 1603, et prit possession de ses nouveaux états sans la plus légère opposition ; et de cette manière l'île de la Grande-Bretagne, si long-temps divisée en deux royaumes distincts, se trouva réunie sous la domination d'un seul et même prince. C'est donc ici, mon cher enfant, que doivent finir les Contes de Votre Grand-Père concernant l'Histoire d'Écosse.

PRÉCIS

DE

L'HISTOIRE D'ÉCOSSE

DEPUIS L'UNION DES COURONNES

SOUS JACQUES VI

JUSQU'A L'UNION DES ROYAUMES

SOUS LA REINE ANNE.

POUR SERVIR DE COMPLÉMENT

A

L'HISTOIRE D'ECOSSE,

RACONTÉE PAR UN GRAND-PÈRE A SON PETIT-FILS.

INTRODUCTION.

REVUE GÉNÉRALE DE L'HISTOIRE D'ÉCOSSE.

Les rapsodes, les poètes, les conteurs, furent les premiers historiens. Si nous voulons un moment oublier la dignité à laquelle s'est élevée peu à peu l'histoire, parmi les compositions littéraires, depuis qu'elle est devenue l'étude des philosophes et des hommes d'état, nous reconnaîtrons que la première histoire écrite a dû naturellement ressembler beaucoup, par la simplicité de ses prétentions, aux *Contes d'un grand-père à son petit-fils.* Un semblable cadre prêtait singulièrement à cette naïveté de récit que l'histoire, faisant un retour sur elle-même, affectionne aujourd'hui, après avoir été tour à tour si raisonneuse, si philosophique, et surtout si spirituelle. Le charme des chroniques a ramené les lecteurs à une curiosité enfantine; mais on peut dire aussi que l'histoire appellera désormais de meilleure heure les enfans, et par ce mot il faut entendre aussi les lecteurs frivoles, à partager les études plus mûres de l'homme fait. La philosophie ne saurait rien perdre à cette révolution littéraire, qui est toute dans l'intérêt de la vérité. Ce sera toujours elle qui tirera les conclusions d'un fait mieux éclairci, et qui fera servir le passé à la leçon de l'avenir.

Dans les récits que Walter Scott n'a pas voulu appeler histoire, nous avons vu les luttes des populations primitives de l'Écosse contre les invasions successives des anciens Bretons, des Romains et des Saxons; les guerres intérieures des Pictes et des Scots; le triomphe de ces derniers, imposant leur nom au pays; les incursions des Danois repoussées; la migration des Anglo-Saxons d'abord, et puis celle des Anglo-Normands dans les Lowlands, et cette migration arrêtée par le rempart des monts Grampiens, derrière lesquels les vieux Gaëls se retranchent et s'organisent en clans. Ces mouvemens des populations ont enfin leur terme. Les deux royaumes d'Angleterre et d'Écosse se constituent chacun selon ses mœurs et ses lois. Plus tard leur hostilité mutuelle éclate : l'Angleterre dissimule mal ses prétentions à la suzeraineté. L'indépendance de l'Écosse, triomphant par l'épée de Wallace et de Bruce, se nourrit des souvenirs glorieux de sa longue lutte; mais toutes ces guerres ont laissé des habitudes turbulentes au caractère national, et les rois trouvent parmi les nobles une opposition armée : les rois amis de l'ordre, lorsqu'ils veulent régulariser l'exercice de leur pouvoir; les rois ambitieux, lorsqu'ils veulent en abuser. Une distinction s'établit entre l'aristocratie de cour et l'aristocratie féodale : quelques grands seigneurs, tels que les Douglas, s'égalent au souverain par leur influence et le nombre de leurs partisans. Le poignard, passant d'une main à l'autre, juge quelquefois le différend des rois et des grands sans le terminer. La noblesse est enfin vaincue, humiliée, appauvrie; le clergé, qui n'a pas cessé d'acquérir, devient l'ordre le plus riche et le plus puissant de l'état sous Jacques V; et pendant la régence de sa veuve, c'est un cardinal qui gouverne. La jalousie de la noblesse favorise la réforme religieuse, et la dirige contre le clergé propriétaire encore plus que contre les dogmes. Marie Stuart sert mal la cause de la religion et du trône, en appelant à son secours une influence étrangère : les nobles s'arment pour le nouveau culte, se partagent les dépouilles de l'ancien, et ayant ressaisi toute leur importance intermédiaire, veulent bien abandonner le trône au fils de Marie. La fortune seule réunit deux sceptres dans les mains de Jacques : héritier de l'absolutisme d'Élisabeth en Angleterre, ce prince pensa à l'étendre sur son royaume natal. Dans ce siècle tout théologique, la question des franchises politiques était intimement liée à celle des libertés religieuses; Jacques, avec son double instinct de théologien et de despote, comprit combien la religion anglicane, catholicisme mitigé, était plus favorable à l'autorité royale que les doctrines républicaines des sectateurs de John Knox. Sous Jacques et ses successeurs, la lutte entre l'Écosse et l'Angleterre eut lieu sur le terrain des croyances religieuses : enfin, quand régna le dernier souverain du nom de Stuart, cette indépendance écossaise, qui avait combattu sous l'armure des chevaliers au temps de Wallace et de Bruce; sous la robe noire de Calvin, mais avec l'épée de Gédéon, pendant les règnes des deux Charles et de Jacques II, n'eut plus pour se défendre, à l'époque de la reine Anne, que les orateurs de la tribune parlementaire; et alors cette voix de quelques patriotes fut facilement étouffée par celle de tout un sénat corrompu à prix d'or. Les commissaires de la nation la trahirent, comme ses mandataires, et le suicide politique de la vieille Calédonie fut consommé par le fameux acte d'Union. Les avantages matériels de cette transaction ne purent éteindre de long-temps encore le regret des patriotes : tout est *gagné* fors l'honneur, pouvaient-ils dire avec raison. Lorsque, en 1745, le dernier des descendans de Robert Bruce, Charles Édouard, proclama encore une fois l'indépendance écossaise, son courage tout chevaleresque n'était plus de ce siècle, et il n'en resta au prince aventureux que ce surnom de Chevalier, jadis le plus beau des titres, mais devenu presque un sobriquet de dérision, qui excluait le fils de tant de rois des intérêts positifs de son époque, et l'exilait en quelque sorte dans le monde poétique de ses aïeux. C'est de cette dernière partie de l'histoire d'Écosse, c'est-à-dire des événemens qui signalèrent les règnes des derniers Stuarts, que nous allons essayer de donner une rapide esquisse pour compléter le récit de Walter Scott : on s'apercevra que nous avons surtout indiqué les rapports de quelques-uns de ces événemens avec les sujets des romans de l'Homère de l'Écosse, sans avoir l'ambition de l'imiter ou de continuer son propre récit.

PRÉCIS
DE
L'HISTOIRE D'ÉCOSSE
DEPUIS L'UNION DES COURONNES
SOUS JACQUES VI,
JUSQU'A L'UNION DES ROYAUMES
SOUS LA REINE ANNE.

CHAPITRE PREMIER.

Jacques VI d'Écosse ou Jacques Ier d'Angleterre. — Son projet d'unir les deux royaumes. — Ses tentatives pour convertir les presbytériens à l'épiscopat échouent. — Son voyage en Écosse. — Sa mort. — Son caractère.

Jacques VI était aux yeux des Anglais un souverain étranger : sa mère avait péri sur l'échafaud dans ce même royaume que sa naissance l'appelait à gouverner ;

mais les intérêts des divers partis triomphèrent des antipathies nationales. Les Puritains avaient précédemment sollicité et obtenu l'intercession de Jacques auprès d'Élisabeth. Les Épiscopaux voyaient en lui un prince que son éducation et ses goûts prévenaient en faveur de l'Église anglicane : les Catholiques pouvaient attendre au moins quelque tolérance de la part du fils de Marie Stuart. Dans cette Angleterre enfin, où naguère la vacance du trône suscitait tant d'ambitieux, aucun prétendant ne pouvait plus opposer à Jacques une rivalité dangereuse parmi les nobles décimés en quelque sorte par les guerres civiles des deux roses, et d'ailleurs ruinés la plupart, malgré les dotations qui leur avaient été faites aux dépens des abbayes, ou accoutumés au rôle de courtisans dociles par la fille superbe de Henry VIII. Les hommes d'état d'Angleterre prévirent déjà ou espérèrent que l'union des couronnes sur une seule tête tournerait à l'avantage du plus nombreux des deux peuples, en préparant l'Écosse à n'être plus qu'une province de la Grande-Bretagne. En effet l'*Union* des royaumes fut une des premières pensées de Jacques. Des commissaires furent nommés à cet effet; mais cette tentative prématurée, impolitique même, ne fit qu'alarmer les Écossais, et n'aboutit qu'à une alliance fédérative.

Jacques échoua également dans son projet d'établir la conformité des cultes : le presbytérianisme d'Écosse s'effraya des prétentions de l'épiscopat; ni l'intrigue, ni les promesses, ni les menaces ne purent réconcilier les deux clergés. Dans les conférences d'Hampton-

Court, le roi lui-même parla en docteur plutôt qu'en roi, inspiré autant par son amour pour les arguties de la théologie que par cet instinct anti-démocratique, qui, malgré son éducation presbytérienne, le rattachait aux doctrines anglicanes, et peut-être dans le fond aux doctrines catholiques. Déjà même, avant de monter sur le trône d'Angleterre, Jacques s'était exprimé assez clairement à ce sujet dans son ouvrage intitulé : *Basilicon doron*. La servilité du clergé anglican avait dû lui faire prendre encore plus en haine l'âpreté des héritiers de John Knox.

En quittant l'Écosse, Jacques avait promis de visiter son royaume natal tous les trois ans : l'exécution de cette promesse fut long-temps différée. Enfin, en 1616, il partit pour Édimbourg : son entrée en Écosse fut un triomphe, et un triomphe selon ses goûts scolastiques, car les panégyriques et les vers latins ne lui furent pas épargnés; mais ce qui charma surtout ce monarque classique, fut l'accueil que lui firent les universités; aussi voulut-il que les professeurs argumentassent en sa présence. Il lutta lui-même avec eux par de savans jeux de mots, et promit de leur témoigner sa satisfaction par ses libéralités. Mais il fut un peu refroidi par le non-succès de ses nouveaux efforts en faveur de l'uniformité des cultes : il fallut acheter les consciences du parlement d'Écosse pour obtenir son approbation de certaines mesures favorables à l'épiscopat, et le clergé, plus indocile, protesta contre les surplis et les rites de l'anglicanisme, comme contre une usurpation illégitime : les rapports de Jacques avec l'Écosse se bornèrent presque à ces transactions théologiques. Il mourut à l'âge de cinquante-sept ans, la vingt-deuxième année de son avénement à la couronne d'Angleterre (1). Ce prince, plus puissant qu'aucun de ses prédécesseurs, eut aussi en partage plus de bonheur qu'aucun de ses descendans. Il n'avait ni beauté dans sa personne, ni héroïsme dans l'esprit. Constant en amitié, il choisit généralement fort mal ses amis. Naturellement clément et doux, il eut pour ses favoris de coupables complaisances, et lui-même il se laissa aller à des excès de vengeance. Il avait rapporté de sa cour provinciale d'Écosse des habitudes bourgeoises et mesquines ; il croyait être affable lorsqu'il n'était que trivialement familier ; gâtant son instruction par son pédantisme et sa vanité ; il voulut aussi quelquefois se montrer magnifique et généreux : il n'était alors que prodigue sans discernement.

L'Angleterre retira plus d'avantages de son règne que l'Écosse : dans ses fausses idées sur le métier de roi (2), Jacques avait cru pouvoir disposer à son gré de la conscience religieuse de ses sujets, et son amour pour l'argumentation devint de l'intolérance (3).

(1) 1603.

(2) *Kingcraft*, mot favori de Jacques.

(3) Sir Walter Scott a peint ce prince au physique et au moral dans les *Aventures de Nigel*.

CHAPITRE II.

———

Avénement de Charles Ier. — Il penche pour le gouvernement de droit divin, et veut établir l'épiscopat en Écosse. — Écossais au service de la Suède. — Charles va se faire sacrer en Écosse. — Opposition du clergé presbytérien. — Persécution. — Insurrection. — Covenant.

Charles était né à Dumferline le 29 novembre 1600 : c'était en 1616 que, par la mort de ses deux frères, il était devenu l'héritier de la couronne de son père. Ce prince, n'étant que prince de Galles, avait eu quelquefois une conduite légère ; mais ses bonnes qualités dominaient plus souvent ses défauts, et jamais roi ne fut salué d'autant d'acclamations que Charles Ier lorsqu'il monta sur le trône (1). Par malheur, le fameux comte de Buckingham était son favori, et ce seigneur sacrifia la gloire de son maître à ses vices. Les douze premières années de son règne furent signalées par ses premières luttes avec le parlement d'Angleterre; mais l'Écosse jouit de la plus complète tranquillité. Cependant déjà, en Écosse même, germaient les semences des guerres civiles qui bouleversèrent plus tard les deux royaumes. Charles se croyait de bonne foi monarque absolu par la grace de Dieu : chaque concession qu'il faisait à ses peuples lui semblait être un don libre de sa clémence, et chaque fois qu'il attaquait un privilège ou une franchise nationale, il pensait n'user que de ses droits : c'étaient là les résultats de l'éducation qu'il avait reçue de son père, et Buckingham ne lui épargnait pas dans l'occasion ses perfides conseils. Les nobles d'Écosse se virent, dès le commencement de ce règne, menacés dans la possession des biens et revenus ecclésiastiques qu'ils avaient usurpés sur le clergé à l'époque de la réforme; leur ressentiment éclata directement ou indirectement toutes les fois qu'ils en trouvèrent l'occasion.

La paix intérieure aurait bientôt fatigué l'esprit aventureux des Écossais, si une carrière ne s'était ouverte à eux dans le nord de l'Europe, où ils purent aller dérouiller leurs épées. Déjà un régiment avait été levé en Écosse, pour le roi de Danemarck, par le général Monro; le grand Gustave-Adolphe de Suède les appela en plus grand nombre sous ses drapeaux, et

(1) 1625

plus de dix mille hommes s'y rendirent avec l'agrément tacite de Charles. Ces soldats contribuèrent à la victoire de Leipsic, au siège de Magdebourg, et à la gloire dont Gustave mourant se couvrit à Lutzen : ceux qui depuis retrouvèrent le chemin de leur patrie furent d'excellens maîtres de discipline pour les troupes qui combattirent sous les étendards du Covenant (1).

Cependant Charles désirait se faire couronner roi d'Écosse en Écosse même ; il entreprit comme son père le voyage d'Édimbourg, et comme lui il fut reçu avec enthousiasme. Par malheur, dans le fils comme dans le père, le théologien l'emporta encore sur le roi, et à Buckingham avait succédé dans la faveur de Charles l'évêque de Londres, Laud, aussi zélé pour la suprématie épiscopale, que Charles l'était pour la prérogative royale. Le prince et l'évêque obtinrent d'abord beaucoup. Un siège épiscopal fut érigé dans Édimbourg. Pour la première fois, depuis la réforme, les sceaux furent confiés à un ecclésiastique, l'archevêque Spottiswood, et sur quatorze autres prélats, neuf entrèrent au conseil, où leur influence prépondérante, et quelquefois leur orgueil, révoltèrent la noblesse et le peuple. Le rétablissement des abbés mitrés fut proposé par eux, et Laud eût même voulu qu'on ne tardât pas davantage à proclamer la liturgie anglicane. En général, les prélats les plus jeunes se montraient les plus exaltés ;

(1) Voyez la *Légende de Montrose*, où le capitaine Dalgety est le type de ces vétérans écossais. La brigade écossaise contribua surtout au gain de la bataille de Leipsic en faisant usage du feu de peloton, qui était inconnu dans la tactique des Impériaux.

les plus vieux avaient plus de prudence, sinon moins d'ambition. Cependant, à la défiance succédèrent des alarmes plus vives. Le roi n'était plus en Écosse; quatre ans de délai donnèrent le temps aux mécontens plus hardis de prêcher la résistance, et quand le nouveau service fut enfin ordonné et essayé dans les églises, le tumulte était déjà organisé. Dans la cathédrale de Saint-Giles, au milieu d'une assemblée nombreuse, une vieille femme, indignée contre le Doyen qui voulut officier en surplis, saisit le banc sur lequel elle était assise, et le lui jeta à la tête. L'évêque s'interposa, mais ne put se faire respecter. On fit sortir les plus mutins du temple; mais la multitude assiégea les portes, brisa les fenêtres, et empêcha que le service fût continué en criant : — Un pape! un pape! A l'antechrist! lapidez-le! L'évêque et le doyen échappèrent avec peine à la vengeance des séditieux. Ces tumultes se renouvelèrent; des pétitions et des dénonciations contre les prélats furent adressées à Londres. Les grands et le peuple firent cause commune; on jura le maintien du presbytérianisme dans les assemblées particulières, puis dans les places publiques; une alliance générale de la nation fut enfin arrêtée. Telle fut l'origine du fameux Covenant. Ce covenant était une profession solennelle de la religion réformée, — « une minutieuse abjuration des rites, des « doctrines et de toute la discipline de Rome, de ses « sacremens bâtards, de sa messe diabolique, de ses « saints, de ses anges, de sa confession, de son eau bé- « nite, de sa monarchie temporelle, de sa hiérarchie « maudite, de sa prêtrise inique. » — Le covenant fut juré dans toutes les églises, au milieu de l'enthousiasme :

cette cérémonie suspendit même dans les Highlands toutes les haines de clans pendant deux mois. Ce fut « la seconde réformation, sanctifiée par Dieu lui-même, » et comparée par ses progrès « au nuage d'Élisée, qui en un instant s'étendit dans tout le firmament. » De ce jour il faut faire dater une réforme réelle dans les mœurs extérieures de l'Écosse, et ce caractère de dévotion austère et de sombre réserve qui distingue encore les descendans des covenantaires.

Charles effrayé fit des concessions, ou plutôt des demi-concessions, en prince qui cède malgré lui. En révoquant sa liturgie il eût voulut abolir le covenant presbytérien, et il fit proclamer un *covenant du roi*, pour l'opposer à l'autre : mais le covenant du roi fut repoussé comme un odieux subterfuge : « Dieu a ratifié le covenant de l'Écosse, » s'écria une femme enthousiaste ; « Satan a ratifié le covenant du roi. » Une assemblée générale du clergé fut convoquée par Charles lui-même à Glascow, et présidée par le duc de Hamilton ; mais son premier acte fut de mettre en accusation tous les prélats. Le duc de Hamilton voulut la dissoudre : l'assemblée se déclara permanente, et excommunia les évêques, ainsi que tous ceux qui signeraient le covenant du roi. L'Écosse presbytérienne n'avait plus qu'à prendre les armes ; elle le fit au nom de *Jésus covenantaire*. Une armée de vingt-six mille hommes fut levée et mise sous les ordres d'Alexandre Lesly, général élevé à l'école de Gustave-Adolphe ; la bannière aux armes d'Écosse portait cette devise en lettres d'or : POUR LA COURONNE DU CHRIST ET LE COVENANT (1).

(1) Voyez, dans les *Chants populaires d'Écosse*, la *Marche de Leslie*.

Il fallut bien se décider à la guerre ; l'étendard royal rassembla à York une nombreuse armée ; les Écossais n'en conçurent aucun effroi et franchirent la frontière ; mais Charles répugnait à une bataille. Au lieu d'en donner le signal il entama des négociations, et désirant la paix de bonne foi, il l'obtint par de nouvelles concessions. Les deux armées furent licenciées ; mais le levain de la révolte était dans tous les cœurs : le presbytérianisme se sentait désormais la force d'être exigeant. D'ailleurs l'exemple de l'Écosse n'avait pas été perdu pour les mécontens de l'Angleterre : ce que les uns avaient demandé et presque conquis les armes à la main pour leur conscience religieuse, les autres se croyaient en droit de le demander et de le conquérir par les mêmes moyens pour leurs libertés politiques. Les uns et les autres entrèrent en communication secrète : ce fut avec de nouvelles défiances et de nouvelles prétentions que les presbytériens d'Écosse arborèrent une seconde fois l'étendard de la révolte. Charles trouva une seconde armée pour l'opposer aux rebelles. Les négociations arrêtèrent encore une fois l'effusion du sang ; mais les Écossais se montrèrent moins prompts à mettre bas les armes, et leurs commissaires allèrent à Londres même, pour signer le traité de pacification, pendant que leurs soldats obtenaient par avance d'être soldés par le trésor royal.

CHAPITRE III.

—

LES COMMISSAIRES ÉCOSSAIS A LONDRES. — LEUR IMPORTANCE. — GUERRE CIVILE. — CHARLES SE REND A L'ARMÉE ÉCOSSAISE, QUI LE VEND AU PARLEMENT. — SA MORT.

Les commissaires écossais trouvèrent à Londres ce Long-Parlement qui éleva toutes les grandes questions des franchises nationales, et les décida enfin par une révolution d'abord constitutionnelle et peu à peu républicaine. Tel était déjà le progrès des idées démocratiques à Londres, qu'une sorte de sympathie pour les doctrines du presbytérianisme, représentées par les commissaires écossais, entoura bientôt leurs personnes de la vénération publique. Leur chapelle particulière était envahie par une foule où tous les rangs se mêlaient

La parole de leur prédicateur porta ses fruits; et ces mêmes Écossais, si opposés à la conformité du culte des deux royaumes, purent espérer cette conformité dans le sens de l'adoption générale du covenant. Les communes et la cour rivalisèrent d'égards pour les représentans de l'Écosse en armes. Ils traitèrent avec le roi dans les formes et sur les bases qu'ils voulurent; et plus tard, quand Charles, privé de ses ministres, menacé dans tous ses pouvoirs par le parlement, ouvrit les yeux sur sa position critique, ce fut en Écosse même qu'il se résolut d'aller chercher un dernier appui. Déjà il avait gagné à lui le marquis de Montrose, naguère engagé sous les drapeaux du presbytérianisme. Mais les chefs populaires des communes avaient de leur côté fait une alliance secrète avec les chefs les plus influens de l'armée écossaise. Le roi trouva Montrose en prison, et fut obligé de parler plus en suppliant qu'en roi à ses sujets, soit dans le parlement, soit sous les tentes du camp. Il fut prodigue de graces et de promesses : mais la révolution était imminente; l'ascendant des communes d'Angleterre l'emporta sur l'autorité royale. De retour à Londres, Charles se décida à courir les hasards de la guerre civile. D'abord ses armes furent heureuses; et les Écossais, restés neutres en apparence, pouvaient donner la victoire à celui des deux partis qu'ils choisiraient. Charles ne négligea rien pour les gagner à lui; mais ils s'offrirent pour médiateurs, et les intrigues alors se multiplièrent de part et d'autre : le roi et les communes se jetèrent également dans leurs bras. Aux dons de la cour ils préférèrent l'alliance offerte par le peuple : le covenant et la ligue solennelle furent adoptés par les deux royaumes. Humilier le roi flatta l'orgueil des covenantaires, et surtout ils obéirent à l'impulsion du fanatisme, en croyant accomplir une sainte mission. Les drapeaux réunis du parlement et ceux de Lesly, devenu marquis de Leven, furent couronnés d'une première victoire importante à Marston-Moor (1). York se rendit aux vainqueurs; après la seconde bataille de Newbury, Newcastle fut pris d'assaut : le marquis de Montrose comprit qu'il ne pouvait plus arrêter les progrès des Écossais en Angleterre, et se rendit en Écosse même, où, joint par les royalistes d'Irlande, il défit les covenantaires à Tippermuir, au pont de la Die, à Kylsyth, etc., montrant tout le parti qu'on pouvait tirer de la valeur indisciplinée des Highlanders (2); mais l'éclat de ses brillantes marches et de ses plus beaux exploits fut effacé par une seule défaite; la guerre de Montrose en Écosse, comme de nos jours celle de la Vendée en France, ne fut qu'une diversion passagère : la révolution devait se consommer. Charles, trahi, vaincu, se rendit lui-même à l'armée presbytérienne d'Écosse.

Après beaucoup d'hésitations, de négociations interrompues et reprises, les Écossais le livrèrent ou plutôt le vendirent au parlement d'Angleterre : ses sujets, devenus ses juges, le condamnèrent. Un échafaud fut dressé devant son palais, il y monta sans émotion, vit sans effroi le bourreau masqué, prononça une courte prière, et abandonna sa tête à la hache régicide.

Charles Ier avait régné vingt-quatre ans; il était dans la quarante-neuvième année de son âge.

(1) Poeme de *Rokeby*. — (2) *Légende de Montrose*.

CHAPITRE IV.

EFFET QUE LA MORT DE CHARLES PRODUIT EN ÉCOSSE. — L'ÉCOSSE RECONNAÎT CHARLES II. — MONTROSE.

Cet événement tragique prouva, par l'effet qu'il produisit en Écosse, que ce royaume avait cru moins combattre pour la démocratie politique que pour la liberté religieuse. Les paroles de Charles retentirent dans tous les cœurs. « — Les Écossais, avait-il dit avant de se livrer à eux, ont souvent déclaré qu'ils ne combattaient pas contre moi, mais pour moi. Je dois maintenant trouver le mot de l'énigme de leur loyauté, en leur offrant l'occasion de montrer au monde qu'il faut s'en rapporter à leurs paroles plutôt qu'à leurs actions. » Quand le marché avait été conclu : « — Je proteste, avait-il écrit, que

CHARLES II RECONNU EN ÉCOSSE.

les Écossais ne m'ont point trompé en ceci, car ce sont des hommes à qui je me suis confié. S'ils m'ont réellement vendu, j'en suis fâché pour eux, et je regrette que ce soit à un prix tellement au-dessus de celui du Sauveur. » Toutes ces paroles et d'autres, dignes d'un martyr, avaient été scellées par le sang de Charles. Ce sang était plus écossais qu'anglais. Les principes monarchiques se réveillèrent un moment chez les Loyalistes tièdes : les plus violens presbytériens n'osèrent justifier la vente du roi quand il ne fut plus ; d'ailleurs ils se voyaient débordés dans le parlement et à l'armée par les indépendans. La monarchie était garantie par le covenant lui-même. Les commissaires écossais avaient protesté contre le régicide : en expiation de la part que l'Écosse y avait eue, elle se crut donc obligée de reconnaître Charles II, qui fut proclamé immédiatement. On se réserva seulement de lui dicter des conditions pour protéger la foi presbytérienne et l'unité du royaume. Charles II était alors à La Haye avec les royalistes vaincus, et entre autres avec Montrose, qui fut d'avis de combattre et non de traiter avec des rebelles. Charles hésita, et, se décidant pour ces deux partis à la fois, il entra en négociation en laissant partir le vaillant marquis pour l'Écosse à la tête d'un corps d'auxiliaires allemands. Les propositions du parlement écossais furent renouvelées à Bréda ; et elles venaient d'être acceptées lorsqu'on apprit la malheureuse issue du dévouement de Montrose, qui, défait dans les Highlands, proscrit, fugitif, fut livré à Lesly, et condamné au gibet. Il répondit avec une fierté pleine de noblesse aux lâches insultes du clergé presbytérien, qui le persécuta jusqu'à son dernier soupir. « — Je serai plus heureux, dit-il, d'avoir ma tête exposée sur les murs d'une prison, que mon portrait dans la chambre du roi. » Quand le bourreau lui attacha au cou, par dérision, l'histoire de ses exploits qui avait été imprimée à Paris, il sourit en disant qu'il préférait cette décoration aux insignes de la Jarretière, et demanda si c'était la dernière indignité qu'on lui réservait. Ainsi mourut ce héros royaliste, dont l'héroïsme fut irréfléchi, sans doute, comme l'ont prétendu les historiens, mais digne encore d'être classé parmi les héros de Plutarque par le cardinal de Retz

CHAPITRE V.

CHARLES II EN ÉCOSSE. — CROMWELL GÉNÉRAL DE LA RÉPUBLIQUE. — IL DÉFAIT LES ÉCOSSAIS. — COURONNEMENT DE CHARLES II. — IL FAIT UNE INCURSION EN ANGLETERRE. — EST DÉFAIT A WORCESTER.

Charles II se récria contre l'exécution de Montrose comme si c'était une violation du traité; mais on lui répliqua en lui faisant entendre que son honneur était intéressé à garder le silence : c'était le menacer de faire connaître les instructions qu'il avait secrètement données au vaillant marquis pour continuer la guerre et l'invasion sans avoir egard au traité de Bréda. Charles souscrivit à tout, et ayant promis d'observer le Covenant, il s'embarqua pour l'Écosse. A son arrivée, il fut reçu avec des témoignages de respect. Sa table, sa suite, ses équipages étaient d'un roi ; mais les covenantaires se réservaient tout le pouvoir, et l'insolence du clergé lui faisait surtout sentir qu'il n'était qu'un prisonnier couronné : il sut toutefois dompter assez sa légèreté naturelle pour assister au service presbytérien, et écouter les longs sermons des prédicateurs avec une certaine gravité, que trahissaient par momens quelques signes d'impatience ou un sourire moqueur (1).

Cependant les Écossais auraient désiré conserver la neutralité vis-à-vis de l'Angleterre : ils furent déçus de cet espoir. Leur traité avec Charles était déjà un acte d'hostilité aux yeux des Indépendans d'Angleterre, qui se souvenaient d'ailleurs des précédentes invasions. La république devait être naturellement soupçonneuse. Tout pouvoir qui commence a besoin d'agir pour ne pas douter de lui-même. La guerre fut décidée : on rappela Cromwell de l'Irlande, et Fairfax, qui avait d'abord accepté le commandement, s'en démit en sa faveur. Cromwell marcha contre l'Écosse, précédé de la renommée terrible de ses exploits. Les Saints de l'Écosse ne l'aimaient pas et ne lui épargnèrent pas leurs malédictions, malgré son appel au covenant. Leur indignation contre lui augmenta encore lorsque, ayant franchi

---

(1) Parmi d'autres aventures non moins ridicules, on raconte qu'un tête-à-tête amoureux de Charles fut observé par un voisin curieux. Un vieux ministre fut député par ses confrères pour reprocher au roi ce scandale énorme. Introduit devant le monarque, il se borna à lui recommander sérieusement de fermer à l'avenir ses fenêtres en pareille occasion. On dit qu'après la restauration Charles récompensa le ministre accommodant; il se rappelait sans doute la plaisanterie, quoiqu'il eût bien pu oublier la sagesse du conseil. (*Note extraite des Chants populaires.*)

la Tweed et assis son camp non loin d'Édimbourg, il convertit des églises en étables pour ses chevaux. Lesly, qui alors égalait Cromwell en réputation de bonheur et de talent, fut le général chargé de réaliser les prédictions présomptueuses du clergé contre l'impie ; mais les prédicateurs ne se contentèrent pas de leurs anathèmes, et, accusant Lesly d'une coupable lenteur, ruinèrent par leur fanatique imprudence la sagesse de son plan de campagne. Cromwell était à Dunbar comme le lion aux abois, et Lesly se voyait sûr d'une victoire sans effusion de sang, lorsque les prophètes crièrent à Israël de sortir de ses tentes malgré les remontrances du général. Les officiers et les soldats anglais observaient ce jour-là un jeûne solennel. Cromwell aperçut à travers sa lunette un mouvement extraordinaire dans le camp écossais : — Les voici, s'écria-t-il, le Seigneur les livre entre nos mains. Les Écossais continuèrent à descendre des hauteurs de Lammermoor pendant une nuit orageuse : le matin, avant qu'ils fussent rangés en bataille, ils furent surpris par Cromwell, qui, repoussé d'abord, rallia ses troupes, mit l'ennemi en déroute, s'empara de son artillerie et de son bagage, lui tua trois mille hommes dans la poursuite, et fit plus de dix mille prisonniers, dont cinq mille, conduits en troupeaux en Angleterre, furent transportés aux colonies comme esclaves. Cette victoire a été comparée par les historiens écossais à celle de Pinkie ; mais elle fut plus fatale encore aux vaincus par les avantages que Cromwell sut en tirer. Édimbourg se rendit à lui, et le château seul retarda le progrès de ses armes.

Ce fut une cruelle leçon pour les presbytériens ;

Charles y gagna que les partis sentirent la nécessité de se rallier à une cause commune. Malgré les invectives du clergé, malgré la découverte d'une espèce de contre-révolution royaliste tentée par Charles, le parlement ne s'opposa plus à son couronnement. Après un jeûne public, en expiation des péchés de sa famille, la cérémonie fut accomplie à Scone avec la pompe la plus solennelle. Le serment au covenant fut renouvelé, et le marquis d'Argyle posa la couronne sur la tête du *premier roi covenantaire* de l'Écosse. On s'occupa ensuite d'une défense vigoureuse; mais Cromwell fut victorieux dans tous les combats, et Charles, sur le point d'être chassé de l'Écosse, se décida à faire une diversion en Angleterre, où il espérait être soutenu par les Cavaliers. Il s'avança donc jusqu'à Worcester à la tête de dix-huit mille hommes. Cromwell le poursuivit comme une proie assurée, l'attaqua, et anéantit l'armée royaliste par une victoire complète. Le prince s'éloigna en fugitif avec quelques amis jusqu'aux frontières du Staffordshire, et trouva un refuge dans le château de Boscobel. Il passait tout le jour déguisé en bûcheron. La nuit il errait de chaumière en chaumière : une fois il se cacha dans le feuillage d'un chêne d'où il put entendre parler de lui les soldats envoyés à sa recherche. Les guerres civiles avaient forcé chacun de montrer ses opinions à découvert : on savait jusqu'à quel point on pouvait compter sur la fidélité de ceux à qui on s'adressait. Chaque maison royaliste avait une cachette qui avait servi de refuge aux prêtres persécutés. Charles ne trouva pas un traître, et fut conduit heureusement à Bristol par le colonel Lane, dont la sœur montait en croupe sur le cheval du monarque. De Bristol il se rendit dans le Dorsetshire, faillit être arrêté sur la dénonciation d'un maréchal qui reconnut que sa monture avait été ferrée en Écosse, traversa miraculeusement la troupe du colonel parlementaire Desborough, et s'embarqua enfin pour la France à Shoredam, après quarante jours de périls et d'aventures romanesques qui devaient un jour se renouveler pour le dernier de ses petits-fils après la bataille de Culloden (1).

(1) Walter Scott a transporté à Woodstock quelques-uns des événemens qui eurent lieu à Boscobel. (Voyez *Woodstock ou le Cavalier.*)

CHAPITRE VI.

MONK EN ÉCOSSE. — PROTECTORAT DE CROMWELL. — WO-
GAN. — LES DERNIÈRES ANNÉES DE CROMWELL. — SA
MORT. — RESTAURATION.

Cromwell avait laissé le général Monk en Ecosse : la conquête et la pacification de ce royaume devinrent désormais plus faciles ; l'union des deux pays en une seule république fut même réalisée par la volonté toute-puissante du Protecteur ; mais l'Écosse ne cessa point de se regarder comme province conquise, et elle éprouva toutes les rigueurs de la conquête. Bientôt Cromwell substitua sa volonté souveraine à l'omnipotence parlementaire. L'effet de son gouvernement fut sensible en Écosse : sa main de fer y comprima toutes les réactions. Sous son règne, les fanatiques gardèrent le silence comme les royalistes. Il faut citer toutefois la chevaleresque entreprise de ce jeune Wogan (1), qui avait passé du service du parlement à celui de Charles II. Converti au royalisme par le martyre de Charles Ier, il avait rejoint le monarque dans les pays étrangers : impatient de l'exil, brûlant du désir de se distinguer par quelque prouesse, il entraîna avec lui quelques royalistes enthousiastes, débarqua à Douvres, recruta quatre-vingts hommes, et traversant audacieusement l'Angleterre et l'Écosse à leur tête, parvint jusqu'aux Highlands, où venait d'être organisée une insurrection. Là il se distingua par des prodiges de valeur; mais blessé, et vaincu par le nombre, il paya de la vie sa témérité.

Peu à peu l'Écosse subit la paix de la servitude. La turbulence naturelle des esprits s'adoucit; car l'enthousiasme de la religion et celui de la liberté ont aussi leur lassitude. Le despotisme militaire de Cromwell prépara, il est vrai, les voies à la réconciliation du peuple avec le gouvernement monarchique : il n'y eut plus entre la république devenue muette et la monarchie absolue des Stuarts que la vie d'un seul homme. Cet homme, courtisé par tous les potentats de l'Europe, oublia que son épée pouvait être plus glorieuse et plus forte que leur sceptre; il s'assimila à eux autant qu'il put, et fut puni; car, au lieu de se grandir, il devint accessible à toutes les faiblesses des rois. Ses propres soldats conspirèrent contre sa vie, et il eut peur : il lui fallut une cuirasse

---

(1) Celui dont Flora, la sœur de Fergus, aimait à proposer l'exemple. (Voyez *Waverley*.)

sous ses habits et des gardes; il évitait d'aller et de revenir par le même chemin, ou de dormir plus de trois nuits de suite dans la même chambre. Son enthousiasme religieux avait été pour lui un moyen d'influence et d'ascendant sur les autres; cet enthousiasme se changea en superstition. Comparé à Israël, digne de lutter avec l'ange du Seigneur, il avait bravé des armées; l'approche d'un inconnu le remplissait de crainte. Au-dessus des faiblesses du remords par son ambition, il avait souvent parlé en maître aux orateurs les plus exaltés, et dirigé à son gré les résolutions des chefs comme la pensée des peuples, — il se taisait confondu, en écoutant les reproches de sa jeune fille. La maladie s'empara de cet esprit épuisé; il mourut le 3 de septembre, jour anniversaire des batailles de Dunbar et de Worcester (1658), qu'il avait toujours célébré comme un jour heureux pour lui (1).

(1) On a souvent fait ressortir les contradictions ou disparates du caractère dramatique de Cromwell : mais, pour être juste dans ce contraste, il ne faut pas oublier que ses faiblesses ne furent saillantes que lorsque les loisirs du pouvoir absolu le livrèrent à l'inquiétude de son ame, qui tourna sa propre activité contre elle-même, comme le glaive le mieux trempé, s'il reste oisif, se laisse dévorer par sa propre rouille.

Peut-être ceux qui ont prétendu retrouver cet *immortel rebelle* dans le Satan de Milton, sont plus près de la vérité que ceux qui ont cru qu'il était le type du héros ridicule de Butler (*Hudibras*). M Hugo partagerait cette dernière opinion, si son expression de Tibère-Dandin (j'aimerais mieux Sylla ou César-Dandin) ne s'adressait exclusivement à mylord Protecteur, c'est-à-dire à Cromwell, dans les dernières années de sa vie. Cromwell a été de son siècle; s'il a été supérieur à son parti et à l'époque par son génie,

Son fils Richard succéda à son père comme lord-protecteur ; mais ses goûts l'appelaient à la vie privée : il abdiqua. On ne sut d'abord à qui allait appartenir la souveraineté : les indépendans désiraient le retour du gouvernement républicain ; mais les presbytériens étaient revenus de leur exaltation, et ne demandaient plus que des garanties, quel que fût le gouvernement qui serait adopté. Le plus stable leur semblait désormais le meilleur. Le peuple était devenu indifférent ; les royalistes profitèrent de cette disposition des esprits, et l'homme qui avait le plus d'influence sur l'armée ayant fait ses arrangemens avec Charles ou ses partisans, toutes les chances tournèrent en faveur de la royauté. Monk dissimula adroitement ses intentions, et marcha sur Londres après s'être déclaré hautement pour le parlement. Quand il fut bien assuré du succès, il sembla céder à l'assentiment général : Charles fut proclamé. On parla des conditions de son retour ; alors Monk répondit que l'impatience de son armée était si grande, que tout délai serait à craindre. L'enthousiasme est contagieux. Les acclamations retentirent d'une extrémité de l'Angleterre à l'autre ; Charles fut rétabli sur le trône de ses pères après vingt ans de guerres intestines et de révolution. Son voyage de Douvres à Londres fut un véritable triomphe (1).

---

il n'en est pas moins demeuré puritain de 1640 par ses mœurs publiques et son costume, comme il est resté homme dans le cercle de sa famille, même après avoir transporté ses foyers domestiques sous les lambris de White-Hall.

(1) Voyez la conclusion de *Woodstock*.

CHAPITRE VII.

La restauration en Écosse. — Désappointement des partis et réaction épiscopale. — Réaction royaliste. — Troubles. — Réfractaires. — Persécution — Dragonades. — Bataille a Loudon-Hill. — Claverhouse, Burley. — Bataille du pont de Bothwell.

Si l'avénement de Charles II ne fut pas accueilli avec moins d'enthousiasme en Écosse qu'en Angleterre, l'espérance de la nation y fut encore plus cruellement trompée. L'oubli de toutes les promesses y rendit peu à peu le gouvernement odieux à tous les partis.

Les garnisons anglaises furent licenciées. Cette mesure était populaire, ainsi que celle de la destruction des forts et des citadelles. C'était reconnaître pleinement l'indépendance nationale de l'Écosse. Mais l'indépendance de l'Église n'était pas moins chère à la masse du peuple; elle avait été jurée par le traité de Bréda. Charles ne voulut pas s'en souvenir; le marquis d'Argyle, dont le crédit était alors tout-puissant sur les presbytériens, fut jugé et mis à mort. Guthrie, prêtre enthousiaste, fut atteint également par la réaction et exécuté. Les courtisans aveugles ou intéressés de Charles lui persuadèrent que le presbytérianisme n'était plus que la religion de quelques obscurs fanatiques. Quelques ministres apostoliques, séduits par la faveur et les dignités, entre autres Sharp, nommé primat d'Écosse, le confirmèrent dans cette opinion. La hiérarchie épiscopale fut décrétée, les prélats consacrés, les covenans abolis, les prêtres soumis à une réélection ou remplacés, et la violence vint au secours de ce système. Le peuple ne protesta d'abord contre l'épiscopat qu'en refusant d'assister au service. Telle fut l'origine des conventicules. « La manne avait cessé de tomber autour des temples d'Israël : » chaque dimanche les zélés presbytériens désertaient en corps la paroisse et l'église, pour aller entendre l'ancien pasteur, d'abord dans quelque maison, ensuite en plein air, quand la maison ne pouvait plus contenir la foule. Le parlement d'Écosse avait été assemblé, mais des élections illégales en avaient fait un parlement servile; d'ailleurs le gouvernement résidait dans un conseil privé que présidait Lauderdale, homme ambitieux, jadis attaché au covenant, aujourd'hui dévoué à l'épiscopat, toujours ami des partis extrêmes, violent et sanguinaire.

La proscription fut organisée contre les prédicateurs

et leurs adhérens. Les amendes atteignirent les riches ; les exécutions militaires toutes les classes. La crainte d'abord supposée, bientôt réelle, d'une insurrection fut un motif pour augmenter le nombre des troupes ; les réfractaires furent *dragonés* (*dragooned*), expression devenue historique, qui rappelle à la fois les fameux dragons de Claverhouse, et les missionnaires non moins redoutés des Cévennes en France. L'insurrection éclata enfin dans les provinces de l'ouest. Un pauvre vieillard des environs de Dumfries avait été arrêté, ne pouvant payer l'amende de l'église ; il était étendu par terre et garotté pour être conduit en prison. Les paysans, indignés de ce traitement barbare, désarmèrent les soldats. Cet acte, nullement prémédité, fut suivi de la peur du châtiment ; le nombre seul pouvait en préserver les coupables : ils crièrent aux armes ; les fugitifs des marais et des montagnes s'unirent à eux, et formèrent une armée de deux mille hommes commandée par deux officiers obscurs, Learmont et Wallace. Cette première flamme de révolte fut éteinte au combat de Pentlands-Hills, si célèbre par les ballades populaires (1). Mais les précautions violentes du gouvernement redoublèrent, et les prédicateurs continuèrent à protester contre « les impiétés d'Achab. » On prétendit les rame-

---

(1) Le chef des insurgés, Wallace, fit preuve de courage et de talent : il plaça son monde dans une position très-forte, et repoussa deux charges de cavalerie : mais à la troisième les insurgés furent rompus et entièrement dispersés. Ce combat eut lieu le 28 novembre 1666, dont l'anniversaire est encore observé par les restes épars de la secte des caméroniens, qui vont entendre un sermon sur le champ de bataille.

ner par un prétendu acte d'*indulgence*. Quelques-uns consentirent à être tolérés; mais ils furent traités d'Érastiens par les autres, et comparés injurieusement à des chiens muets, incapables d'aboyer. La voix du désert avait seule de la puissance; elle retentit bientôt plus haut que jamais; on y répondit par de nouvelles rigueurs. Lauderdale comprit qu'il avait besoin d'une armée permanente, et appela aux armes six mille Highlanders auxquels furent livrés les comtés de l'ouest comme un pays conquis. Le pillage, le vol, les déprédations de toute espèce et les actes les plus atroces achevèrent d'exaspérer la population, contre laquelle il avait été si facile de réveiller les anciens ressentimens des montagnards! Les Highlanders se retirèrent, mais cinq mille hommes de troupes réglées restèrent pour exploiter paisiblement la terreur causée par leur invasion.

L'insurrection devint une vraie guerre civile, qui commença par la défaite des soldats royalistes à Loudon-Hill, et finit par la déroute des Whigs au pont de Bothwell. Ces deux combats, auxquels le romancier de l'Ecosse moderne a prêté un intérêt d'épopée, méritent bien d'être racontés avec quelque détail, et nous interromprons ici notre rapide précis pour laisser parler Walter Scott lui-même, qui peint d'abord le héros des covenantaires, le fameux Burley d'*Old-Mortality*.

« John Balfour de Kinloch, communément appelé Burley, fut un des plus féroces de ces sectaires proscrits. « C'était, dit son biographe, un gentilhomme

« zélé, honnête, courageux dans ses entreprises, brave
« soldat, et rarement l'ennemi qui se présentait à lui
« échappait à ses coups. » Crichton dit qu'il avait été
autrefois trésorier de l'archevêque Sharp, et que, trouvant un grand déficit dans sa caisse, causé, soit par sa
friponnerie, soit par sa négligence, il se détermina a
assassiner son maître; mais on ne trouve d'autre preuve
à l'appui de cette assertion qu'une allusion de Wodrow.
Burley était le beau-frère de Hackston de Rathillet, enthousiaste farouche, qui joignait un courage entreprenant
et l'adresse dans le maniement des armes à un zèle ardent pour sa secte. Burley lui-même était moins remarquable par sa ferveur religieuse que par la part active et
violente qu'il prit toujours aux entreprises de son parti.
Cependant on ne trouve pas son nom parmi ceux des
covenantaires dénoncés pour l'affaire de Pentlands-Hills. Mais, en 1677, Robert Hamilton, depuis commandant des insurgés à Loudon-Hill et au pont de
Bothwell, se trouvait avec d'autres non-conformistes à
une assemblée secrète, dans la maison de Burley. Ils
furent attaqués par un détachement de soldats, commandé par un capitaine Carstairs, qu'ils repoussèrent
en blessant dangereusement un homme de sa troupe.
Cette résistance à l'autorité les fit déclarer rebelles.
Elle fut bientôt suivie d'un exploit plus sanglant. James
Sharp, archevêque de Saint-André, était regardé par
les presbytériens rigides, non-seulement comme un renégat qui avait abandonné la charrue spirituelle, mais
encore comme le principal instigateur des mesures sévères exercées contre leur secte. Le principal agent de
son oppression était un nommé Carmichaël, gentil-

homme ruiné. L'activité de cet agent, des dénonciations et des peines portées contre les covenantaires, ayant excité le ressentiment des caméroniens, neuf d'entre eux, dont les principaux étaient Burley et Hackston, se réunirent pour attendre en guet-apens et pour assassiner Carmichaël. Pendant qu'ils étaient en embuscade, ils reçurent la nouvelle que l'archevêque lui-même allait passer.

« Après s'être mis en prières, ils conclurent unanimement que le Seigneur livrait l'impie Aman à leurs coups. Pour exécuter cette prétendue volonté du ciel, ils voulurent choisir un chef, et prièrent Hackston de Rathillet de se mettre à leur tête; mais il refusa, alléguant que, s'il acceptait leur offre, on pourrait attribuer le meurtre à une querelle particulière qui existait entre l'archevêque et lui. On offrit alors le commandement à Burley, qui l'accepta sans scrupule, et alors ils galopèrent tous après la voiture de l'archevêque, où il se trouvait avec sa fille. Comme ils étaient bien montés, ils joignirent bientôt et désarmèrent l'escorte du prélat. Burley s'écria : — Judas, tu es pris ! — courut à la voiture, blessa un postillon, et coupa le jarret de l'un des chevaux. Alors il tira dans la voiture un pistolet chargé de plusieurs balles, et de si près, que la robe de l'évêque en fut brûlée. Les autres, mettant pied à terre, arrachèrent le prélat, déjà blessé, de sa voiture. Ce malheureux se traîna auprès de Hackston qui restait à cheval, et lui demanda grace. Le farouche enthousiaste lui répondit seulement, — qu'il ne mettrait pas *lui-même* la main sur lui. — Burley et les siens déchargèrent encore leurs armes sur ce vieillard à genoux, et ils allaient s'éloigner quand un d'eux, qui s'était arrêté pour resangler son cheval, entendit, par malheur, la fille de leur victime, qui appelait un domestique, s'écriant que son maître était encore en vie. Burley descendit encore de cheval, fit sauter d'un coup de pied le chapeau du prélat et lui fendit la tête avec son sabre, quoique un homme de sa troupe, sans doute Rathillet, s'écriât : — Épargnez ses cheveux blancs (1) ! — Les autres l'achevèrent à coups redoublés.

« Après avoir pillé la voiture, ils s'éloignèrent enfin, laissant auprès du cadavre la fille de l'évêque, qui avait elle-même été blessée en essayant de défendre son père. Ce mémorable exemple de vengeance fanatique eut lieu le 3 mai 1679, à Magus-Muir, auprès de Saint-André (2).

(1) Ils croyaient que Sharp était à l'épreuve de la balle, car l'un des meurtriers dit à Wodrow, qu'à la vue de leurs épées le courage de l'archevêque s'évanouit. Ils n'eurent plus aucun doute en trouvant dans la poche du prélat un petit peloton de soie roulé autour d'un morceau de parchemin, sur lequel étaient tracés deux longs mots hébreux ou syriaques. En conséquence, on croit encore que les balles ne laissèrent sur le cou et la poitrine de Sharp que des marques bleuâtres, quoiqu'ils eussent tiré à brûle-pourpoint.

(2) Lorsqu'on saisissait un covenantaire, on lui présentait souvent cette question comme un shibboleth, ou un *experimentum crucis* : — La mort de l'archevêque est-elle un meurtre ? Dans l'interrogatoire d'Isabelle Alison, qui fut exécutée à Édimbourg en 1681, le conseil privé lui demanda si elle avait parlé à David Hackston : « Je répondis : je lui ai parlé, et le Seigneur en soit loué,

« Burley fut, comme on le pense, obligé de quitter le comté de Fife, et, le 25 du même mois, il arriva à Evandale, dans le comté de Lanark, accompagné de Hackston et d'un nommé Dingwall ou Daniel, qui avait fait partie de la même bande. Là, il retrouva son ancien ami Hamilton, dont nous avons déjà parlé, et, s'étant déterminés à prendre les armes, ils furent bientôt joints par un assez grand nombre de proscrits de l'ouest. Ils résolurent de commencer leurs exploits le 29 mai 1679, anniversaire de la restauration, dont le parlement avait fait une fête, qu'ils regardaient comme une cérémonie profane. En conséquence, à la tête de quatre-vingts cavaliers assez bien armés, Hamilton, Burley et Hackston entrèrent dans le bourg royal de Rutherglen, éteignirent les feux de joie allumés, et brûlèrent sous la croix les actes du parlement en faveur de l'épiscopat et pour supprimer les conventicules, ainsi que les actes du conseil d'état qui réglaient les licences accordées aux presbytériens. Ils firent une protestation solennelle, ou un témoignage, comme ils l'appelaient, et, l'ayant attaché à la croix, ils terminèrent la cérémonie avec des psaumes et des prières.

« Un corps d'infanterie assez considérable, mais mal armé, se joignit à eux, et porta leur nombre à cinq ou

» car je n'ai vu en lui qu'un bon jeune homme plein de piété. —
» Ils me demandèrent si l'homicide de l'évêque de Saint-André
» était une action pieuse. Je répondis que je ne lui avais jamais
» entendu dire qu'il l'eût tué; mais que si Dieu avait incité et
» obligé quelqu'un à exécuter ce juste jugement contre lui, je
» n'avais rien à dire à l'encontre. »

six cents hommes, avec lesquels ils se campèrent à Loudon-Hill. Claverhouse, qui tenait garnison à Glascow, marcha sur-le-champ contre les insurgés à la tête de son escadron de cavalerie et de quelques autres, montant en tout à cent cinquante hommes. Le 1er juin, il arriva à Hamilton tellement à l'improviste qu'il fit prisonnier John King, fameux prédicateur des rebelles, et continua sa marche, emmenant avec lui son prisonnier jusqu'au village de Drumclog, situé à un mille à l'est de Loudon-Hill, et à douze milles de Hamilton. — A quelque distance de là étaient les rebelles bien retranchés dans un marécage presque impénétrable à la cavalerie, et couvrant de plus leur front par de larges fossés.

« Les dragons de Claverhouse firent feu de leurs carabines, et essayèrent de charger; mais la nature du sol les mit dans le plus grand désordre. Aussitôt Burley, qui commandait le petit corps de cavalerie des Whigs, le conduisit contre les cavaliers de Claverhouse, qui furent en même temps vigoureusement assaillis par l'infanterie, commandée par le brave Cleland (1) et le fanatique Hackston. Claverhouse lui-

---

(1) William Cleland, homme de beaucoup de talent, fut auteur de plusieurs poemes imprimés en 1697. On y voit ses principes anti-monarchiques dans ce vers: *Je voudrais bien savoir si les faucons commettent un crime en tuant des aigles?* C'était un scrupuleux non-conformiste. Après la révolution il devint colonel du régiment d'Angus, appelé le régiment caméronien. Il fut tué le 21 août 1689, dans le cimetière de Dunkeld, que sa troupe défendit avec succès contre un corps nombreux de montagnards.

même fut forcé de prendre la fuite, et courut risque d'être pris; son cheval, qui avait eu le ventre ouvert d'un coup de faux, traîna ses entrailles pendant plus d'un mille. En fuyant, Claverhouse passa près de King, ce ministre qu'il avait fait prisonnier, mais que ses gardes avaient abandonné dans la confusion. Le predicateur lui cria — de s'arrêter et d'emmener son prisonnier avec lui; — ou, comme d'autres le disent, — de s'arrêter et d'écouter le sermon du soir. — Claverhouse, ayant enfin changé de monture, continua sa retraite sur Glascow. Il avait perdu dans cette escarmouche une vingtaine de cavaliers, et de plus son cornette et son parent Robert dont parle la ballade. Les Whigs ne perdirent que quatre hommes. « Les re-
« belles, dit Crichton, trouvant le corps du cornette,
« et s'imaginant que c'était celui de Claverhouse, parce
« que le nom de Grahame était brodé sur le col de sa
« chemise, le traitèrent avec la plus grande barbarie,
« lui coupèrent le nez, lui arrachèrent les yeux, et le
« percèrent de cent coups (1). »

« Burley déploya la plus grande activité pendant ce combat; cependant il n'était pas le général des Whigs: ils avaient déféré cet honneur à Robert Hamilton, inspiré, comme tous ses soldats, par le plus sauvage fanatisme. Une relation presbytérienne de ce combat rapporte que « M. Hamilton fit preuve de beaucoup de
« talent et de courage pendant l'action et dans la pour-
« suite. Mais, pendant que lui et quelques braves pour-

---

(1) **Mémoires du capitaine Crichton**

« suivaient chaudement l'ennemi, plusieurs soldats s'oc-
« cupèrent au pillage, quelque peu considérable qu'il
« fût, négligeant d'achever la victoire. D'autres, à l'insu
« de M. Hamilton, et contre ses ordres positifs, don-
« nèrent quartier à cinq de ces cruels ennemis, qu'ils
« laissèrent aller. M. Hamilton fut bien affligé de voir
« qu'on eût épargné des enfans de Babel, après que le
« Seigneur les avait livrés pour qu'on leur écrasât la
« tête sur des pierres. »

« Hamilton lui-même parle de cette circonstance dans
sa relation : il dit que « cette pitié fut leur premier pé-
« ché, et qu'il craignait que le Seigneur ne voulût plus
« les honorer en leur remettant sa cause à défendre. » Il
conclut en ajoutant qu'il « ne veut ni recevoir de faveur
« des ennemis de Dieu, ni leur en accorder. » Burley,
qui n'était pas homme à se rendre coupable d'une pareille indulgence, désarma cependant un des domestiques du duc de Hamilton, et le chargea d'aller dire à son
maître qu'il garderait, jusqu'à ce qu'il le rencontrât,
les pistolets qu'il venait de prendre. Le domestique peignit Burley au duc comme un homme petit, trapu,
louche et d'une physionomie féroce (1).

« Quand le bruit du succès de Loudon-Hill se fut répandu, un grand nombre de prédicateurs, de gentilshommes et de paysans, qui avaient adopté des dogmes
plus modérés, se réunirent à l'armée de Hamilton,

(1) On peut voir dans les *Puritains* de Walter Scott la conséquence de l'assassinat de Sharp, et le combat de Loudon-Hill

pensant qu'une différence d'opinion ne devait pas les empêcher d'agir pour la cause commune. Les insurgés furent repoussés dans une attaque qu'ils tentèrent sur la ville de Glascow, que cependant Claverhouse se crut obligé d'évacuer quelque temps après. Alors ils étaient en possession de presque tout l'ouest de l'Écosse. Ils établirent leur camp à Hamilton, où, bien loin de s'occuper à discipliner leurs soldats, les Caméroniens et les *Érastiens* (nom que les plus violens des insurgés donnaient aux modérés) ne songeaient qu'à discuter dans leurs conseils de guerre les véritables motifs qui leur avaient fait prendre les armes. Hamilton, leur général, était le chef du parti exagéré; John Walsh, ministre, dirigeait les érastiens. Ces derniers parvinrent à faire adopter un manifeste, dans lequel on reconnaissait l'autorité du roi; mais cette publication donna lieu à de nouvelles querelles. Chaque faction avait ses chefs qui voulaient tous être officiers, et il y avait effectivement deux conseils de guerre, d'où partaient en même temps des ordres et des proclamations contraires. Les uns reconnaissaient le roi, les autres l'appelaient un tyran, un barbare, un parjure.

« Cependant on exagérait et leur nombre et leur fanatisme à Édimbourg, où l'on était dans la plus grande inquiétude qu'ils ne fissent un mouvement sur l'est. Non-seulement on rappela sur-le-champ la milice à pied, mais on répandit des proclamations qui enjoignaient à tous les propriétaires des comtés du nord, du sud et de l'ouest, de se rendre à l'armée du roi avec leurs meilleurs chevaux, leurs armes et leurs hommes. Dans le comté de Fife et dans d'autres, où les doctrines presbytériennes prévalaient, beaucoup de gentilshommes désobéirent à ces ordres. La plupart s'excusèrent sur la crainte de donner de l'inquiétude à leurs femmes.

« Néanmoins on réunit bientôt une armée considérable, dont James, duc de Buccleugh et de Monmouth, vint prendre le commandement par ordre de Charles. Les troupes royales se mirent lentement en marche vers Hamilton, et atteignirent Bothwell-Moor le 22 juin 1679. Les insurgés étaient campés en grande partie dans le parc du duc de Hamilton, le long de la Clyde, qui séparait les deux armées.

« Le pont de Bothwell, qui est long et étroit, avait alors un mur au milieu, percé de portes, que les Whigs fermèrent et barricadèrent avec des pierres et des pièces de bois. La défense de ce poste fut confiée à trois cents hommes d'élite, commandés par Hackston de Rathillet et Hall de Haughhead. Le matin, de bonne heure, cette petite troupe passa le pont et tirailla avec l'avant-garde royale, qui s'était avancée jusqu'au village de Bothwell; mais bientôt Hackston alla reprendre son poste au bout du pont de Bothwell.

« Pendant que le duc de Monmouth annonçait par ses dispositions l'intention de forcer le passage, les plus modérés des insurgés résolurent d'offrir un accommodement. Ferguson de Kaitloch, propriétaire, et David Hume, ecclésiastique, portèrent au duc de Monmouth une supplique, dans laquelle ils demandaient le libre exercice de leur religion, un parlement libre et une assemblée générale libre de leur Église. Le duc les écouta avec sa douceur ordinaire, et les assura qu'il parlerait à Sa Majesté en leur faveur, à condition qu'ils mettraient bas les armes et se disperseraient sur-le-champ. Si tous les insurgés eussent professé des opinions modérées, cette proposition, alors acceptée, aurait épargné bien du sang, et sans doute n'eût pas laissé d'être avantageuse à leur parti ; ou si tous avaient été caméroniens, leur défense eût été opiniâtre et désespérée. Mais, pendant que leurs officiers de tous les partis discutaient les propositions du duc, son artillerie était déjà pointée de l'autre côté de la rivière pour protéger l'attaque des gardes à pied, commandés par lord Livingstone, pour forcer le pont. Hackston s'y maintint avec courage, et ce ne fut qu'après avoir brûlé toutes ses munitions et avoir perdu toute espérance de secours qu'il abandonna malgré lui ce poste important. Aussitôt après sa retraite, l'armée du duc défila lentement sur le pont, précédée de son artillerie, et se forma en bataille à mesure qu'elle arrivait à l'autre bord. Le duc commandait l'infanterie, et Claverhouse la cavalerie. Il est probable que ce mouvement n'aurait pu s'exécuter facilement si l'ennemi eût voulu faire une résistance sérieuse ; mais les insurgés pensaient à toute autre chose. Par la plus étrange fatalité, ils avaient choisi précisément ce moment pour casser leurs officiers et en élire d'autres ; le canon du duc vint les troubler dans cette opération. A la première décharge, la cavalerie des covenantaires tourna bride, culbutant dans sa fuite leur infanterie. Les auteurs caméroniens blâment Weir de Greenridge, commandant de la cavalerie, qu'ils appellent un Achar dans l'armée. Les plus modérés jettent tout le blâme sur Hamilton, dont la conduite rendit difficile de décider s'il avait été plus lâche que traître ou imbécile. Le généreux Monmouth désirait épargner le sang de ses compatriotes égarés, ce qui lui attira les reproches des exaltés parmi les royalistes. Il fut heureux pour les insurgés que la bataille ne fût pas livrée un jour plus tard, quand le vieux Dalziell, qui partageait avec Claverhouse la haine et la crainte qu'il inspirait aux Whigs, arriva dans le camp, porteur d'une commission qui ôtait le commandement à Monmouth pour le lui transférer. On dit qu'il reprocha publiquement au duc son excessive douceur, et qu'il exprima le vœu que sa commission fût arrivée un jour plus tôt, « — car, dit-il, j'aurais empêché ces coquins de jamais troubler le pays (1). » Cependant, malgré les ordres du duc, la

(1) Dalziell avait un caractère dur et cruel. Un prisonnier qu'il interrogeait devant le conseil privé, l'ayant raillé en l'appelant « Bête de Moscovie qui faisait rôtir les hommes, » le général, furieux, lui frappa le visage avec le pommeau de son sabre, de manière à faire couler le sang. (FONTAINHAL.)

Il avait juré après la mort de Charles Ier, de ne jamais se faire la barbe; elle lui descendait jusqu'à la ceinture, et comme il portait toujours un habit de peau à l'ancienne mode, il ne manquait jamais, lorsqu'il se montrait à Londres, d'attirer l'attention des enfans et de la canaille.

Charles II jurait après lui, et lui reprochait de faire fouler les pauvres enfans qui se pressaient pour voir sa barbe et son vieil habit; il l'exhortait à se faire raser et à s'habiller comme un chré-

cavalerie fit un grand carnage des fuyards, dont quatre cents furent tués.

« La vengeance de Claverhouse avait une cause plus importante, quoique moins naturelle, que le désir de venger la mort du cornette, son parent, tué à Loudon-Hill (1). L'auteur de cette pièce attribue avec naïveté la mort de Monmouth à sa querelle avec Claverhouse (2). »

La clémence de Montmouth avait eu à combattre en Écosse les avis sanguinaires de Claverhouse et de Dalziell. Lorsqu'il fut rappelé à Londres, il osa faire des réclamations à Charles au nom de l'humanité, et appuyer les pétitions des proscrits contre la tyrannie de Lauderdale. Le roi répondit que tout avait été fait par ses ordres et dans son intérêt. Quand l'intérêt du monarque est d'être cruel, son trône est bien chancelant.

tien, pour éviter les accidens qui pourraient survenir à ces pauvres diables. Pour obeir au roi, il parut un jour au palais habillé suivant la mode, mais conservant toujours sa longue barbe. Quand le roi eut bien ri de la métamorphose, Dalziell reprit son vieil habit, à la grande satisfaction des polissons de Londres. (CRICHTON.)

(1) *Chants populaires d'Écosse*, ballade historique.

(2) Il est à croire que si les caméroniens eussent été vainqueurs, ils n'auraient pas été moins cruels que les royalistes. Crichton rapporte qu'ils avaient élevé dans leur camp une haute potence, et préparé une grande quantité de cordes destinées à pendre les prisonniers qu'ils feraient : il vante beaucoup la clémence des soldats du roi, qui amenèrent leurs prisonniers auprès de la potence, et les gardèrent en cet endroit sans montrer l'envie d'en pendre un seul

L'absence de Monmouth laissa pleine carrière aux exécutions militaires, aux tortures, aux exactions, lorsque enfin les vaincus obtirent trois mois de relâche, par la nomination du duc d'York au gouvernement d'Écosse Ce prince avait, dès cette époque, des projets de contre-révolution, pour lesquels il avait besoin de se faire des partisans. Il eut l'art de se montrer impartial entre les factions, et par son affabilité il se rendit agréable à toutes les classes : mais, rappelé au bout de trois mois, il laissa derrière lui les mêmes rigueurs qu'il n'avait fait que suspendre. Alors naquit la secte irréconciliable des caméroniens, ainsi nommée de Cameron un des chefs échappés au massacre de Bothwell-Bridge. Exaspéré par la persécution, Cameron lut et afficha lui-même, sur la place publique de Sanquhar, une déclaration qui disait que Charles Stuart, en violant ses sermens, avait dégagé ses sujets de tout lien d'allégeance. Les troupes royales marchèrent contre les caméroniens, qu'elles surprirent à Aerdmoss. Cameron et son frère furent tués les armes à la main. Hackston de Rathillet et quinze autres furent faits prisonniers; le reste se sauva dans les marais. Le prédicateur Cargill continua à prêcher dans les champs, et excommunia audacieusement tous ses persécuteurs, y compris le duc d'York et le roi.

Quand le duc revint en Écosse une seconde fois, il se dispensa de dissimuler sa hauteur et sa religion, ne témoignant désormais de bienveillance qu'aux chefs Torys. Ayant obtenu pour son propre culte la tolérance qu'il avait sollicitée, ainsi que l'acte qui assurait la suc-

PERSÉCUTION. MORT DE CHARLES II.

cesion du trône à un prince catholique, il se chargea de justifier les atrocités du conseil privé en les continuant : une conspiration découverte vint lui en fournir de nouveaux prétextes. Le bourreau devint l'homme le plus occupé du pays, selon l'expression d'une chronique, et la justice fut indignement prostituée à la vengeance des épiscopaux. Après avoir déclaré qu'il n'y aurait de paix en Écosse que lorsqu'il en aurait fait un vaste cimetierre, le duc fit dresser une liste de proscription de deux mille personnes, et enfin un massacre général fut proposé en plein conseil, signé même par le roi, d'après l'historien Wodrow : les écrivains les plus favorables à l'épiscopat conviennent qu'il faut tirer le rideau avec horreur sur cette époque. Cependant Charles, dit-on, avait compris que ce régime de terreur et de supplice était trop violent pour durer, lorsqu'il mourut, d'une attaque d'apoplexie, dans le sein de l'Église catholique, en 1685. Il serait peut-être injuste de ne juger ce prince que par son gouvernement tyrannique en Écosse : il eut quelques vertus en Angleterre, quoique, en Angleterre aussi, on ne puisse le classer parmi les bons rois. Charles II, si c'est là une excuse, fit peu de mal par lui-même, mais il en laissa faire assez pour être comparé aux Tibère, aux Néron, et aux tyrans les plus odieux du bas-empire, par ses sujets d'Irlande et d'Écosse.

CHAPITRE VIII.

AVÉNEMENT DE JACQUES II D'ANGLETERRE OU JACQUES VII D'ÉCOSSE. — ESPÉRANCES DES DIVERSES SECTES. — JÉSUITES. — PROSCRIPTION.

En acceptant Jacques II pour maître, les diverses sectes de l'Écosse crurent garantir, par un compromis, leur sécurité particulière. Les presbytériens espéraient n'être plus sacrifiés aux épiscopaux, et ceux-ci, devenus plus indifférens sur leur religion après le triomphe, n'en conservaient que leurs sentimens de torys. D'ailleurs, il y avait si peu de chances pour le rétablissement du catholicisme, qu'aux yeux de tous les hommes sensés il y avait folie à l'entreprendre. Mais l'ambition de quelques jésuites prouva, malheureusement pour Jacques, qu'un tel projet de contre-révolution religieuse était en effet un acte de démence politique.

Une amnistie fut proclamée en Écosse; mais, presque en même temps, par une cruelle déception, on en excepta toutes personnes au-dessus de la classe des ouvriers et des paysans. Les *dragonades* continuèrent; la persécution étendit peu à peu son cercle, et fut même ingénieuse à punir dans ses caprices de vengeance.

Les proscrits et les exilés crurent le moment favorable pour faire une descente armée dans leur terre natale. Le fils du duc d'Argyle, exilé contumace en Hollande, débarqua tout à coup dans son comté, d'où il fit courir la croix de feu dans les montagnes : cinq mille hommes de son clan marchèrent sous sa bannière ; mais les autres étaient ou catholiques et dévoués à Jacques ou ennemis des Campbell : dans l'ouest, la déclaration du duc ne satisfit pas pleinement les fanatiques caméroniens; d'ailleurs le pays était occupé militairement et comprimé. Argyle, réduit à ses propres forces, et égaré dans une marche mal calculée sur Glascow, perdit sa cavalerie et son bagage dans un marais, et vit le désordre se mettre dans ses rangs, qui se dispersèrent presque sans combattre. Lui-même, fugitif, déguisé, saisi par des soldats anglais, fut reconnu par Shaw de Greenock, leur commandant, à sa longue barbe, qu'il avait laissé croître depuis qu'il s'était échappé de sa prison sous Charles II. Il se résigna à son sort avec courage; la royauté crut venger Montrose en traitant Argyle comme le vaillant marquis l'avait été par les républicains. Argyle supporta toutes les indignités qu'on lui prodigua, et subit le dernier supplice avec un admirable courage. L'héroïsme est de tous les partis.

Monmouth avait concerté en Angleterre son insurrection avec celle d'Argyle : il ne fut pas plus heureux, et Jacques fut inexorable envers le fils de son frère. Bientôt l'Angleterre n'eut plus rien à envier à l'Écosse en fait de tyrannie, lorsque le juge Jeffryes, d'odieuse mémoire, vendit la justice aux caprices de son maître. Le roi dans ses lettres disait : « Mon lord chief-justice est entré en campagne (1)... Il en a déjà condamné des centaines, dont quelques-uns sont exécutés, dont le plus grand nombre le sera; et les autres seront envoyés aux plantations. » La population des deux royaumes se lassa d'être ainsi décimée. Les papistes étaient à la tête de l'administration, tout l'odieux de la tyrannie retomba sur eux. Un collège de jésuites avait été fondé à Édimbourg même dans le palais d'Holyrood, pour l'instruction gratuite de la jeunesse, et une chapelle fut préparée pour y célébrer la messe; mais un dimanche, le peuple se leva en tumulte, attaqua le prêtre à l'autel, et le força d'abjurer publiquement. Dans les ordres plus élevés de l'état, l'opposition osa aussi se montrer menaçante, malgré le comte de Murray, nouveau converti, qui semblait vouloir expier par son zèle les torts de son aïeul contre le catholicisme. Les presbytériens ne pouvant plus douter, d'après tous les actes du gouvernement, que le papisme allait être rétabli, se réveillèrent de leur torpeur. Tous les yeux se tournaient vers le prince d'Orange, héritier protestant de Jacques. Cependant, on eût attendu peut-être la mort du prince

---

(1) *Lord chief-justice is making his campaign in the west.*

(*James Letters.*)

régnant avec résignation; mais la naissance d'un fils, événement qui parut à Jacques un miracle de la Providence en faveur du catholicisme, n'offrit plus d'autre ressource, à l'Angleterre comme à l'Écosse, que celle d'un changement de dynastie. On mit en doute l'accouchement de la reine. Les mécontens se rendaient en foule auprès de Guillaume; la correspondance la plus active s'établit entre eux et leurs adhérens restés dans la Grande-Bretagne, et un jour la nouvelle du débarquement du prince d'Orange vint surprendre son beau-père dans son incroyable sécurité. Jacques rassembla une armée pour marcher à sa rencontre : il voulut aussi faire quelques concessions tardives aux mécontens, elles ne parurent pas franches. La désaffection était générale : les courtisans, les officiers et bientôt les soldats passèrent du côté de Guillaume. Le corps de la nation montra d'abord de l'indifférence : quelques excès de la populace contre les papistes furent réprimés à temps par les hautes classes, qui s'emparèrent de la révolution, et la firent pour leur compte avec une sorte de calme. Jacques, frappé d'une terreur panique, prit la fuite, et s'embarqua pour le continent. Ses tentatives de restauration en Irlande ne furent pas heureuses, et la bataille de la Boyne, gagnée par William, trancha la question par le droit du plus fort.

CHAPITRE IX.

CONSÉQUENCES DE LA RÉVOLUTION DE 1688 EN ÉCOSSE. — LE VICOMTE DE DUNDEE. — BATAILLE DE KILLIE-CRANKIE. — MASSACRE DE GLENCOE.

La révolution marcha rapidement en Écosse comme en Angleterre : on y simplifia même avec plus de hardiesse la question du contrat qui lie le souverain au peuple et le peuple au souverain. Dans la *Convention des États*, quelques membres proposaient de déclarer comme la convention anglaise que Jacques avait *abdiqué*; par ce mot, les partisans du droit héréditaire eussent éludé le reproche de rébellion. Le souvenir de onze générations de Stuarts exerçait encore un charme sans doute sur l'esprit de plus d'un Écossais, même parmi les mécontens; mais le *loyalisme* des Torys eux-mêmes s'était bien affaibli pendant le séjour des quatre derniers souverains de cette maison en Angleterre : une révolution leur avait déjà appris que la légitimité n'était qu'une fiction politique, et Jacques VII, en réduisant ses derniers soutiens au rôle odieux d'instrumens de la tyrannie ou de royalistes honteux, avait achevé de dépopulariser sa dynastie dans le royaume qui en fut le berceau. La convention d'États résuma franchement tous les griefs qu'on reprochait à la couronne, et conclut que la violation des lois par le monarque, déliait les sujets du serment de fidélité.

Les États déclarèrent donc que « Jacques VII, étant
« un papiste avoué, avait pris la couronne et agi comme
« roi sans avoir jamais prononcé le serment exigé par la
« constitution; que les avis de méchans conseillers l'a-
« vaient entraîné à envahir les lois fondamentales du
« royaume pour en faire une monarchie absolue, arbi-
« traire et despotique. — Qu'il avait en même temps
« voulu détruire la religion protestante et violé les li-
« bertés du pays : qu'en conséquence il avait *forfait*
« (*forfaulded*) son droit à la couronne, et que le trône
« demeurait vacant. »

La Convention décida que « la couronne serait offerte
« à Guillaume et Marie pour passer, s'ils n'avaient au-
« cune postérité, à la princesse Anne et à ses héritiers. »

Une déclaration des droits du peuple servait de commentaire à cette décision solennelle.

La suite des temps est venue fournir la preuve d'un

des griefs reprochés alors vaguement à Jacques : on a retrouvé le traité authentique par lequel ce monarque se reconnaissait vassal de Louis XIV (1).

Cependant parmi les Highlanders il se trouvait encore plusieurs clans qui avaient reçu de Jacques quelques faveurs : ils s'en montrèrent reconnaissans, et d'ailleurs les Highlanders avaient toujours eu des intérêts différens de ceux des habitans des basses-terres. Mais peut-être ne fallait-il pas moins que le nom imposant du vicomte de Dundee pour oser tenter une guerre civile en Écosse, même avec les dispositions favorables des Highlands. En effet, l'insurrection fut étouffée par son propre triomphe, Claverhouse ayant péri en gagnant la victoire de Killiecrankie. Jaloux d'imiter les exploits de Montrose son parent, ce général, à la tête des braves montagnards, semblait près de conquérir toute l'Écosse. On lui opposa Mackay, qui sortit de Dunkeld avec trois mille fantassins et deux régimens de cavalerie. Dundee n'avait guère plus de deux mille hommes; il laissa l'ennemi s'engager dans les défilés, et rangea ses propres soldats en bataille sur une éminence; les deux commandans excitèrent leurs troupes à bien faire leur devoir. Mackay parla aux siennes de la justice de leur cause, et leur démontra que d'ailleurs leur retraite était désormais impossible, entourées comme elles étaient de montagnes et de précipices.

(1) Cette pièce existe entre les mains du rév. John Lingard, et paraîtra textuellement dans les tomes XI et XII de sa *Nouvelle Histoire d'Angleterre*.

Dundee en appela à la valeur des clans, et à ces mêmes rochers qui étaient pour eux la patrie et le rempart de son indépendance. Ce fut lui qui donna le signal une heure avant le coucher du soleil. Les Highlanders descendirent en colonnes serrées, bravant le feu de l'ennemi et réservant le leur jusqu'à ce qu'ils fussent à quelques pas de sa première ligne. Alors, après une décharge précipitée, ils mirent l'épée à la main avant que les soldats de Mackay eussent ajusté leurs baïonnetes au bout du fusil. Ce fut presque un combat corps à corps, dans lequel les montagnards eurent tout l'avantage. Mackay lui-même, entouré, voulut se faire jour vers deux régimens qui restaient encore intacts sur sa gauche. En ce moment Dundee désignait ces mêmes régimens à l'impétueuse valeur de ses Highlanders; mais en levant la main pour donner ce dernier signal de victoire, et lorsqu'il lançait lui-même son coursier, il reçut une balle au-dessous de l'épaule. Dundee survécut encore à cette blessure assez long-temps pour écrire à Jacques un rapport concis de la bataille. Une pierre fut érigée sur le lieu même à sa mémoire. Célébré dans les ballades nationales, il a été appelé dans son épitaphe le dernier des Écossais (1). Les montagnards se dispersèrent d'eux-mêmes, peu de temps après cette victoire fatale, et les Jacobites ne formèrent plus qu'un parti obscur en Écosse, sur lequel s'appuyèrent par intervalles des mécontentemens étrangers à leur cause jusqu'en 1715. Quelques mouve-

(1) *Ultimus Scotorum.* Cette épitaphe latine fut traduite en vers anglais par Dryden.

mens partiels furent aisément étouffés dans les Highlands, encore plus par l'argent du trésor royal que par la force des armes. Les dissensions des clans entre eux servirent aussi puissamment la cause de Guillaume, et ses agens surent habilement les entretenir; ce ne fut même qu'à l'instigation de quelques Chefs avides (1) que ce monarque autorisa le fameux massacre de 1692, auquel il est fait si souvent allusion dans les ballades populaires.

Macdonald Glencoe et son clan avaient été les derniers à se soumettre au nouveau gouvernement. On contesta même cette soumission, et le massacre de ce clan fut représenté comme l'acte le plus propre à la pacification des Highlands.

Glencoe, comptant sur l'amnistie, était paisible au milieu des siens depuis un mois, lorsqu'un détachement arriva du fort William, sous les ordres de Campbell de Glenlyon, dont la nièce avait épousé un fils du Chef. Les soldats furent accueillis en amis, et logés chez les habitans de la vallée. Leur commandant recevait depuis quinze jours l'hospitalité dans la maison de son neveu, et partageait tous ses repas. Ils avaient passé la soirée à jouer aux cartes ensemble, et les officiers devaient dîner le lendemain chez le Chef. L'ordre arriva ce même soir de massacrer tous les membres du clan pendant leur sommeil et de n'épargner que les vieillards au-dessus de soixante-dix ans. Il n'y eut aucun

(1) Breadalbane et Stairs

délai ; quand le jour parut les deux tiers du clan étaient déjà égorgés. La femme de Glencoe fut dépouillée de ses habits par les soldats, qui lui arrachèrent ses bagues avec leurs dents ; et elle expira d'horreur et de désespoir. Un vieillard de quatre-vingts ans fut fusillé, et un autre brûlé vif. Ceux qui purent se sauver gagnèrent les montagnes : tous les défilés étaient cernés ; une tempête put seule arracher les victimes à leurs bourreaux. Cette exécution militaire ne manqua pas son but : on voulait inspirer la terreur aux rebelles. Mais le mécontentement fut général, et cinquante ans plus tard le massacre de Glencoe servit de texte aux Jacobites pour récriminer contre l'usurpation. Cependant, le règne de Guillaume offre peu d'exemples de semblables actes, et ce prince, quels que fussent ses défauts, fut du moins le premier roi d'Angleterre et d'Écosse, depuis la réforme, qui désira franchement la tolérance religieuse.

CHAPITRE X.

J. PATERSON. — BANQUE D'ÉCOSSE. — ÉTABLISSEMENT DE L'ISTHME DE DARIEN. — MALHEURS DE L'ÉCOSSE. — MORT DE JACQUES VII.

Avant de nous occuper du règne suivant, nous ne saurions passer sous silence un des événemens les plus importans de l'histoire d'Écosse. L'établissement colonial de l'isthme de Darien sert en effet à marquer en Écosse cette période où les nouveaux besoins des temps forcent une nation à se dépouiller de tout ce qui lui restait de ses anciennes mœurs, pour adopter celles de la civilisation moderne. Pendant long-temps l'épée avait seule ouvert en Écosse la route des honneurs. Quand la haute noblesse eut déserté, à la suite du roi, Édimbourg pour Londres, et ses châteaux pour les parcs de Theobalds ou de Greenwich, l'industrie prit un rang de plus en plus élevé parmi les sommités sociales. Le jour où le marchand fortuné partagea au moins la considération avec le noble appauvri, Glascow put prévoir que les six mille ames de sa population primitive, s'élevant rapidement à cent mille, grace au négoce lointain et aux manufactures locales, cette cité roturière laisserait un jour bien loin d'elle la royale cité d'Édimbourg.

Ce fut en 1695 que l'Écosse rougit pour la première fois de sa pauvreté relative; alors fut sollicitée et autorisée une compagnie écossaise pour le commerce de l'Afrique et des Indes, avec la permission de fonder des colonies, des villes ou des forts dans les pays inoccupés, avec l'exemption de toute espèce de droits pendant vingt et un ans. Une banque nationale fut créée à la même époque: les bénéfices obtenus par les Hollandais et les Anglais dans l'Inde et l'Amérique devaient faire envie surtout à un pays qui etait une contrée maritime aussi-bien que la Hollande et l'Angleterre. Un Écossais obscur, Paterson, esprit aventureux qui avait été l'inventeur de la banque d'Angleterre, n'ayant pas obtenu du gouvernement anglais la récompense à laquelle il devait s'attendre, résolut de consacrer désormais toute son activité à son pays natal, et ce fut a lui que l'Écosse fut redevable du projet primitif de rivaliser avec l'Angleterre pour le commerce de l'Inde. On prétend que Paterson avait été boucanier dans sa jeunesse. Pendant ses courses avec les pirates, il avait probablement visité l'isthme de Darien, dont la plus grande partie était déserte ou habitée par des Indiens indépendans, ennemis du nom espagnol. Il proposa d'établir sur chaque bord de l'isthme un entrepôt pour le commerce de l'un et l'autre continent. Les marchandises de l'Europe, et les esclaves d'Afrique, transportés au golfe de Darien et conduits par terre à travers la chaîne de montagnes qui divise l'isthme, pouvaient être échangés contre les produits de l'Amérique espagnole et les riches denrées de l'Asie en les important au golfe Saint-Michel, ou au fleuve Sambo dans la baie de Panama. Les mêmes vents auraient porté les denrées d'Europe à travers l'Atlantique, et à travers l'océan Pacifique. Unir le commerce des deux Indes par une colonie établie dans l'isthme de Darien, ou, selon l'expression de Paterson, ravir à l'Espagne les clefs du monde, ce n'était pas la conception d'une ame vulgaire. On peut, dit un historien écossais (1), à qui nous empruntons une partie de ces considérations ; on peut la comparer au grand projet d'Alexandre d'établir un marché en Égypte pour y concentrer le commerce de l'Inde. Les avantages immédiats de cette entreprise séduisirent bientôt les Écossais. Paterson vantait la fertilité du sol de l'isthme, et y promettait des mines d'or inépuisables ; il proposait de déclarer la future colonie port franc, et d'y proclamer la tolérance de tous les partis et de toutes les religions. Ces idées avaient été communiquées d'abord avec un mystère peut-être affecté. L'Écosse oublia un moment ses vieilles querelles

(1) Malcolm Laing

domestiques, sa vanité féodale, son orgueil religieux pour ne plus rêver qu'à ce nouvel Eldorado. Un de ses prophètes covenantaires aurait bien pu justement accuser alors Israël de se prosterner devant le veau d'or. Sans doute quelque voix naguère respectée s'éleva pour lui reprocher cette avaricieuse idolâtrie; mais cette voix dut se perdre dans le désert. On n'eût pas écouté davantage sans doute un prophète du bon sens qui aurait dit aux habitans de l'Écosse :

« Les projets grandioses de Paterson ne sauraient convenir qu'à un peuple qui posséderait des établissemens étendus dans l'occident comme dans l'orient. Avant de s'engager dans ces entreprises de colonies lointaines, il faut avoir un capital suffisant, non-seulement pour cultiver et améliorer son propre sol, mais encore pour y entretenir des manufactures, dont on pourrait exporter le surplus à un marché étranger. Où sont vos excédans de produits, où sont vos navires, où est votre richesse territoriale; en quoi consiste votre industrie ? L'établissement seul de Darien, s'il réussit, vous privera à la fois de vos faibles ressources locales, de votre faible crédit, et de vos habitans les plus actifs : vous aurez forcément recours aux autres nations dans l'exploitation de ces riches trésors; vous serez à la merci de leurs marins, de leurs manufacturiers, de leurs banquiers, et bientôt de leurs aventuriers plus hardis que les vôtres, et qui vous laisseront tout au plus réimporter l'intérêt de vos avances, etc. »

Le résultat seul et l'expérience des temps peuvent

donner de tels avis; l'Écosse, dans son enthousiasme commercial, trouva plutôt des jaloux que des conseillers. L'Angleterre força le gouvernement à désapprouver ses premiers actes d'assentiment, et à renvoyer les ministres qui ne s'y étaient pas opposés. Alors l'amour-propre national des Écossais se mêla à leurs avides espérances; la fureur des souscriptions devint contagieuse et gagna tous les rangs; on acheta des navires à Hambourg, on organisa le gouvernement et l'administration de la nouvelle Calédonie. Une flottille mit à la voile; on aborda à l'isthme desiré; on fonda la capitale future, le nouvel Édimbourg, et l'on s'empressa d'instruire la mère-patrie de ces heureux commencemens; mais huit mois étaient à peine écoulés que le climat dévora la moitié des nouveaux colons; les fonds et les secours leur manquèrent, la tempête détruisit une partie de leurs vaisseaux, une jalouse prohibition fit refuser aux autres l'accès des ports d'Angleterre, d'Espagne et de Hollande, par suite d'une déclaration de Guillaume.

Ce rêve avait trop flatté la pauvre Écosse pour qu'elle ne saisît pas la première occasion de le recommencer: une seconde colonie fut envoyée à Darien; cette fois les Espagnols disputèrent au climat et aux tempêtes le soin d'en consommer la ruine; douze cents hommes marchèrent de Panama contre les huttes du nouvel Édimbourg, et furent repoussés; mais onze vaisseaux de ligne venus de Carthagène forcèrent les Écossais de capituler et de se rembarquer pour l'Europe.

Quand la nouvelle de cet événement parvint en Écosse, on y était dans la joie et le triomphe, parce qu'on avait appris d'abord le premier avantage obtenu sur les Espagnols; l'accablement fut général : le roi Guillaume et l'Angleterre furent l'objet des malédictions les plus terribles; c'était le roi, c'étaient les Anglais qui avaient trahi l'intérêt commercial de l'Écosse; le moment était favorable pour les Jacobites, ils en profitèrent pour en appeler au vieil honneur écossais et à l'indépendance nationale. « Tous les malheurs du peuple provenaient de l'union des couronnes : » on s'adressa à Jacques ou plutôt à Louis XIV; mais le grand monarque pensait à asseoir son petit-fils sur le trône d'Espagne; il avait intérêt à ne pas rompre ses traités avec Guillaume; il persuada à Jacques II que le moment n'était pas favorable pour sa restauration; le moment fut perdu. Le mécontentement de l'Écosse ne s'éteignit pas; mais l'explosion en étant différée, il s'affaiblit de plus en plus jusqu'à la mort de Guillaume.

Jacques lui-même mourut à Saint-Germain dans les pratiques d'une dévotion sévère, heureux du moins si l'espoir d'entrer dans le royaume du ciel put adoucir en lui les amers regrets que laisse toujours dans un cœur de roi la perte de sa couronne mortelle.

CHAPITRE XI.

RÈGNE DE LA REINE ANNE. — ACTE DE SÉCURITÉ. — NOUVEAU PARLEMENT. — FLETCHER DE SALTOUN. — LORD BELAVEN. — L'UNION DES DEUX ROYAUMES. — RÉBELLION DE 1715.

Anne était la seconde fille protestante de Jacques II. Si son avénement plaisait aux Whigs à cause de sa religion, elle était pour les Torys une Stuart: son règne à leurs yeux fut comme une demi-restauration. En effet, les Torys envahirent en Angleterre toutes les branches de l'administration. En Écosse, les Jacobites continuèrent à en être exclus; mais ils se retranchèrent dans une opposition légale, se flattant que la reine Anne, fidèle aux liens du sang, pourrait léguer la couronne à son frère. Mais la reine fit confirmer par le parlement d'Écosse les statuts qui garantissaient la succession protestante. Ce parlement ayant été perpétué depuis douze ans, en contradiction avec la loi d'une réélection annuelle, tous les ministères précédens avaient eu le temps d'y recruter des adhérens. Ce ne fut qu'à regret, et après de longs délais, qu'il fut enfin renouvelé; mais le gouvernement disposa d'un grand nombre des élections nouvelles, en flattant l'espérance des Jacobites qui votèrent pour lui contre l'opposition presbytérienne. Le nouveau parlement s'occupa avant tout de l'avenir de la monarchie, par rapport à l'Écosse; des débats animés suivirent la proposition d'un *acte de sécurité* qui tendait à limiter la prérogative royale sur plusieurs points, et entre autres sur la succession du trône. Cet acte intéressait vivement l'indépendance de l'Écosse comme nation; il fut combattu par le gouvernement, et ne put passer qu'à une seconde session, lorsqu'en refusant les subsides le parlement obtint l'assentiment du ministère en le prenant en quelque sorte par famine. Les états du royaume étaient autorisés par cet acte à s'assembler à la mort de la reine, pour lui nommer un successeur du sang royal et de la religion protestante; mais nullement le même qui pourrait succéder au trône d'Angleterre, à moins qu'il n'eût préalablement garanti la religion, les libertés et le commerce de l'Écosse. Parmi les orateurs qui arrachèrent cette loi au gouvernement, on distingua un membre éloquent nommé Fletcher de Saltoun, digne d'être comparé à Fox et à Sheridan.

Les Anglais sentirent que l'Écosse tendait à s'isoler d'eux; leurs propres préventions n'avaient pas peu contribué, sous les règnes précédens, à faire échouer tout projet d'incorporation ou d'union des deux pays. Ces préventions se montrèrent plus hostiles un moment, mais cédèrent bientôt à la perspective de réduire l'Écosse au rang de province anglaise.

On commença par s'assurer, au moyen de la corruption, d'un parti anglais parmi les Écossais eux-mêmes : on fit habilement ressortir les avantages réels qu'il y aurait pour l'Écosse dans cette fusion des deux états; et quand le succès fut assuré par des engagemens secrets encore plus que par les discussions préparatoires, des commissaires furent choisis pour régler les articles de cette importante négociation.

Sachant que l'union ne pouvait être populaire en Écosse, ces commissaires, à plusieurs reprises, opposèrent à cet acte des objections fondées sur les droits légitimes de leur pays; mais chaque objection était interprétée par l'Angleterre comme une menace de tout rompre, et les représentans écossais ayant déjà touché des à comptes sur leur marché particulier, ils se hâtèrent d'avertir le gouvernement qu'ils ne résistaient que pour la forme. Ainsi furent réglées au gré de l'Angleterre les bases de l'impôt territorial, celles de l'excise et le droit de représentation dans le parlement commun. Ce traité préliminaire devait être discuté par le parlement national, à qui l'on réservait aussi, pour dernières fonctions, de s'abolir lui-même à jamais. Quand les articles en furent connus, l'alarme et l'indignation furent générales; les pamphlets, les allocutions publiques entretinrent l'agitation d'une extrémité de l'Écosse à l'autre. Les presbytériens redoutaient l'influence future de l'épiscopat anglican ; les épiscopaux prévoyaient qu'ils allaient être sacrifiés au presbyterianisme en faveur de l'union ; les pauvres réclamaient surtout contre l'excise, qui allait faire renchérir les choses les plus nécessaires à la vie, et les commerçans contre les impôts anglais, qui équivaudraient pour eux à une prohibition de tout négoce ; tous les rangs, tous les états, tous les partis, sentaient renaître en eux le vieux patriotisme écossais, à l'idée de voir effacer leur terre natale de la liste des nations indépendantes. Dans ce tumulte des esprits, qui fut suivi de quelques émeutes réelles, la force militaire fut jugée indispensable pour protéger le calme des délibérations : mais la protection des baïonnettes est elle-même funeste à la liberté.

Les partisans de la cour ne manquaient pas de bons argumens pour recommander l'union : le temps leur a donné gain de cause, sans absoudre les uns de leur servilité obséquieuse, les autres de leur vénalité. Ce temps d'ailleurs, qui a accompli toutes leurs promesses, n'aurait-il pas pu procurer à l'Écosse indépendante les mêmes avantages par d'autres voies? L'union, disaient-ils, n'est qu'une alliance plus intime; les vieilles animosités nationales sont éteintes; que de rapprochemens naturels, que de similitude dans les lois et les mœurs, que d'intérêts communs appellent les deux nations à se fondre ensemble tôt ou tard! Quelques nuances subsisteraient même impunément après cette fusion. L'Écosse elle-même ne contient-elle pas dans son sein deux races distinctes, celle des Highlands et celle des Lowlands, jadis ennemies, depuis si long-temps en paix, et multipliant chaque jour leurs rapports mutuels? Reste la vaine chimère de l'indépendance; mais l'Écosse peut-elle encore la défendre contre sa voisine? Elle n'a plus qu'un moyen de la conserver honorablement, c'est de l'associer à l'indépendance anglaise, comme une vierge chaste et prudente, qui a la conscience de sa faiblesse, accepte une illustre alliance, et sauve l'honneur de sa personne sous le nom d'un autre. La gloire et le commerce de l'Angleterre nous appartiendront également, et l'industrie du pays fleurira avec les arts et la paix. Notre représentation est diminuée! Mais la constitution anglaise s'altère elle-même, car le maître qui admet un associé dans sa maison n'a plus l'administration exclusive de ses affaires domestiques. D'ailleurs un parlement anglais ne peut avoir d'autre intérêt que l'intérêt commun, et les deux nations peuvent jouir désormais du bonheur et de la sécurité sous la même législature, tandis que la religion, la liberté et la succession protestante sont garanties par l'union (1).

L'opposition désignée sous le titre de parti patriote (*country-party*, parti du pays), soutint qu'il y avait dans tout gouvernement certaines bases fondamentales que la législature n'avait aucun titre pour violer ni altérer: quelle que fût l'origine des pouvoirs des membres d'une assemblée élective, qu'ils fussent nommés par la couronne ou directement par leurs commettans, ils ne possédaient qu'une délégation; un mandat discrétion-

---

(1) Voy l'*Histoire d'Écosse* de Laing, tome IV, page 260

OBJECTIONS DE L'OPPOSITION.

naire et sacré, sévèrement limité à l'observance et à la conservation de la charte établie ou acceptée par le peuple. Sans la volonté expresse du peuple, et encore moins en opposition à cette volonté déclarée, un parlement ne pouvait donc ni annuler ni transférer à un autre son pouvoir législatif. Or, que résulterait-il d'une union réprouvée par toute la nation ? Des mécontentemens éternels et de fréquentes rébellions. Qu'importe un accroissement de richesses ou de bien-être à qui préfère le bien, moins palpable peut-être, mais non moins réel de l'indépendance ? Au lieu d'ouvrir tous les marchés de l'Europe au commerce d'Écosse, l'union ne ferait que l'absorber dans les marchés anglais, et la solidarité de la dette de la Grande-Bretagne, quels équivalens pouvaient en indemniser la pauvre Écosse ? Encore si, dans le parlement anglais, on admettait une proportion raisonnable de pairs et de députés populaires ; mais les pairs, conservés par un système électif, se réduisaient à seize, le dixième de la haute chambre d'Écosse ; et, dans la même proportion, quarante-cinq membres seulement entraient à la chambre des communes.

Fletcher de Saltoun osa dire toute la vérité en accusant les commissaires de trahison ; le duc de Hamilton l'appuya, et lord Belhaven, s'élevant à la hauteur de Démosthènes, tonnant du haut de la tribune contre les mauvais citoyens vendus au roi de Macédoine, prononça ce discours :

« Je crois voir un royaume libre et indépendant abandonner le précieux privilège qui a de tout temps mis les armes à la main à tous les états du monde : celui de régler ses propres affaires. Je vois les pairs actuels de l'Écosse, dont les ancêtres allaient lever des tributs sur les provinces d'Angleterre, réduits à parcourir l'enceinte de la cour des requêtes comme des procureurs anglais, pendant qu'en Écosse même un petit commis de l'excise recevra plus d'hommages et de respect qu'en recueillit jamais le plus illustre de leurs aïeux. Je vois nos barons, ces braves défenseurs de nos libertés, mettre le sceau du silence sur leurs lèvres pour éviter les amendes de lois inconnues ; et les bourgeois, opprimés par d'odieuses restrictions dans leur commerce, se glisser honteux à travers les rues désertes des villes, après avoir mangé leur soupe sans sel et bu de l'eau au lieu d'ale. Je vois les propriétaires écrasés par l'impôt et réduits à l'aumône ; mais je vois surtout notre mère commune, l'antique Calédonie, assise comme César au milieu de notre sénat, promenant autour d'elle ses yeux remplis de deuil, se couvrant de son manteau royal, et qui s'écrie en recevant de nos mains le coup fatal : *Et toi aussi, mon fils !* Le *patricide* est pire que le parricide : et nous, dont les ancêtres ont fondé cette monarchie indépendante et nous ont légué sa constitution et ses lois intactes, resterons-nous muets quand cette patrie est en péril ! trahirons-nous ce qui a coûté si cher à nos pères ! Les Anglais sont une grande et glorieuse nation : leurs armées sont partout victorieuses ; leur marine est la terreur de l'Europe ; leur commerce embrasse tout le globe, et leur capitale est devenue le centre de la terre. Nous formons une nation obscure, pauvre, dédaignée, quoique jadis digne de plus d'estime, située dans un coin écarté du monde, sans alliance et sans nom ! Qui nous empêche d'ensevelir toutes nos animosités, et de nous réunir cordialement quand notre existence comme nation est menacée? L'ennemi est à nos portes. Annibal est dans nos murs; Annibal est au pied du trône, qu'il aura bientôt détruit pour en enlever les insignes et nous chasser à jamais de nos foyers. Où sont les Douglas, les Grahames, les Campbells, nos pairs et nos Chefs, qui repoussèrent avec leurs épées les Édouards d'Angleterre, lorsqu'ils voulaient usurper cette indépendance que nous allons trahir par un seul vote? Je vois la constitution anglaise rester stable : avec les mêmes chambres du parlement, les mêmes impôts, les mêmes corporations de commerce, les mêmes lois, la même judicature, pendant que nos institutions sont soumises à de nouvelles règles ou anéanties à jamais. Et pourquoi? afin d'être admis à l'honneur de payer les arrérages de la dette anglaise et de servir de caution aux nouveaux créanciers que l'Angleterre voudra se donner. Mon cœur est près d'éclater d'indignation et de douleur à la vue du triomphe que les Anglais obtiennent aujourd'hui sur un peuple valeureux et fier, qui a si long-temps combattu pour son indépendance ; mais l'Angleterre serait-elle la première à nous offrir les conditions que nous pourrions lui demander, jamais je ne consentirai à abandonner notre souveraineté, sans laquelle, à moins que les parties contractantes restent indépendantes, la sécurité de tout traité ressemble à celle de l'homme qui stipulerait pour la conservation de sa propriété, en devenant lui-même esclave. »

On ne répondit pas à cette pathétique adresse ; les

mulets chargés d'or de Philippe étaient dans la place : quand on alla aux voix, une majorité de trente-trois votes prononça l'incorporation de l'Écosse à l'Angleterre.

A cette nouvelle, toute mésintelligence cesse entre les partis : les Caméroniens sont d'accord avec les Jacobites, les Highlanders avec les habitans des basses-terres; une redoutable conspiration est organisée; toutes les mesures sont prises : si dans ce moment un Stuart avait paru, sa cause était gagnée. Le duc de Hamilton est reconnu pour chef; c'est lui qui doit donner le signal : mais le secret est trahi; de fausses instructions font retarder le jour de l'explosion, et le duc lui-même, acheté par la cour, pressé en vain par ses amis, tergiverse, feint une maladie, et déserte lâchement la cause nationale.

Quelque avantageux que l'acte d'Union fût à l'Angleterre, il fallut user de ruse et de fraude pour le faire adopter par la chambre des communes.

Enfin tout fut consommé par l'adoption de la loi anglaise sur les crimes de haute trahison ; et les patriotes dévoués, tels que les Belhaven, les Fletcher de Saltoun, etc., plongés dans les prisons, y expièrent la hardiesse de leur résistance, pendant que les traîtres coururent à Londres réclamer, les uns le salaire, les autres les faveurs, prix convenu de leur prétendue impartialité.

Des deux rébellions qui protestèrent sous l'étendard

des Stuarts contre l'Union, la première seule, celle de 1715, conduite par l'inhabile comte de Mar, et étouffée par le comte d'Argyle, eut pour cause à peu près immédiate l'Union elle-même, car elle éclata à la suite de la réaction qu'à la mort de la reine Anne, les Whigs entrés au pouvoir suscitèrent contre les Torys de toutes les nuances. Le comte de Mar était un adhérent de la maison de Hanovre : politique timide que le désespoir de la disgrace et la persécution jetaient dans le jacobitisme ; il manquait à la fois de talent, de conviction et de courage : et il eut pour adversaire le fils du premier duc d'Argyle (1), élève de Marlborough, qui s'était distingué à Oudenarde et à Malplaquet. Le duc attaqua les Highlanders, entre Dumblane et Sheriffmoor, et ne remporta qu'une victoire douteuse : mais elle suffit pour décourager les Highlanders, à qui l'avantage du nombre semblait moins essentiel qu'un autre Montrose ou un autre Dundee. L'année suivante, le Prétendant vint rejoindre le comte de Mar ; mais il n'avait aucune des qualités qui distinguèrent son fils, trente ans plus tard ; et il fut forcé de se rembarquer pour son exil.

Argyle se montra clément envers les vaincus, et, non moins habile politique que brave général, parvint à apaiser une insurrection si mal conduite : on montre encore près de Dumblane une large pierre sur laquelle les Highlanders aiguisèrent leurs claymores la veille de

---

(1) Argyle avait été un des promoteurs de l'Union ; il fut créé pair d'Angleterre à cette occasion : c'est le même duc d'Argyle qui joue un rôle dans *Heart of Midlothian* (la Prison d'Édimbourg).

la bataille de Sheriffmoor; mais elle ne servit qu'à marquer la limite où s'arrêta leur marche sur Édimbourg.

En 1719, l'Espagne avait formé un plan d'invasion pour rétablir les Stuarts sur le trône de leurs ancêtres. Dix vaisseaux de ligne et plusieurs frégates ayant à bord plus de six mille hommes, mirent à la voile de Cadix pour les côtes d'Angleterre : deux frégates, parties de Saint-Sébastien, prirent les devants sur cette flotte, et débarquèrent à l'île de Lewis trois cents soldats espagnols avec des armes, des munitions et de l'argent; quelques Highlanders se joignirent à eux; mais la tempête qui avait jadis combattu pour Élisabeth contre l'*Armada* de Philippe dispersa la flotte espagnole. Le général Wightman attaqua les insurgés à Glenshiel : les Highlanders, cédant à un nombre supérieur, se retirèrent dans les montagnes, et les trois cents Espagnols mirent bas les armes.

CHAPITRE XII.

ÉTAT DE L'ANGLETERRE ET DE L'ÉCOSSE EN 1745. — ARRIVÉE DU PRINCE CHARLES-ÉDOUARD AU MILIEU DES CLANS. — IL ARBORE SA BANNIÈRE A GLENFININ.

Georges II avait, comme son père, conservé sur le trône de la Grande-Bretagne une prédilection marquée pour l'électorat de Hanovre. Au mois de juillet 1745, ce monarque était sur le continent et avait abandonné les rênes du gouvernement des trois royaumes à un conseil de régence composé de ses principaux ministres. Le gouvernement particulier de l'Écosse était confié au secrétaire d'état marquis de Tweeddale. L'homme d'action, le héros de la famille royale était le duc de Cumberland, général aimé des troupes, qui excusent volontiers tous les défauts, même la cruauté, en faveur de la vaillance. Le duc s'était distingué de bonne heure à la bataille de Destingen, et plus récemment, commandant en chef à Fontenoy, il avait prouvé, par la hardiesse et l'habileté de ses manœuvres, que peut-être il ne fallait être rien moins que le maréchal de Saxe pour le vaincre. La guerre de Flandre occupait presque toutes les troupes réglées de l'Angleterre; mais elle devait empêcher la France de livrer aucune des siennes aux chances douteuses d'une invasion en Écosse. Le fils du Prétendant, impatient de gloire, et lassé de solliciter en vain les secours des rois de l'Europe, résolut de tenter seul la fortune, comme si le trône de ses pères pouvait être reconquis par un simple coup de main. Un armateur de Nantes, fils d'un Irlandais réfugié, M. Walsh (1), consacra toute sa fortune à cette expédition. Le 20 juin 1745, Charles-Édouard s'embarqua à l'embouchure de la Loire à bord de *la Doutelle*, frégate de seize canons, avec moins de quatre mille livres sterling pour tout trésor, et accompagné seulement de sept serviteurs dévoués (2). Il fut joint près de Belle-Ile par *l'Élisabeth*, vieux vaisseau de guerre

(1) Les descendans actuels de M. Walsh sont connus en France par quelques productions littéraires d'un vrai mérite : ils conservent précieusement une épée qui a appartenu à Charles-Édouard. On prétend que les frais de l'armement de *la Doutelle* et de *l'Elisabeth* leur furent remboursés par le gouvernement français.

(2) Le marquis de Tullibardine (de la famille d'Athole); Thomas Sheridan, irlandais; sir John Macdonald, officier au service d'Es-

qui portait environ deux mille fusils et six cents sabres. *L'Élisabeth* fut attaquée par un corsaire anglais qui la maltraita et la força de rentrer dans le port. Charles passa outre ; et, ayant échappé dans les parages des Hébrides à trois vaisseaux de ligne, il jeta l'ancre, le 19 juillet, dans le Loch-Uannagh, lac salé ou détroit qui divise les rivages de Moidart et d'Arasaïg. Les Chefs jacobites qui furent invités les premiers à se rendre auprès de lui se montrèrent alarmés de le voir arriver seul, et tentèrent de le dissuader de son entreprise. Charles répondit à leurs plus sages objections par un appel à leur courage, et sa témérité même finit par réveiller l'enthousiasme des plus indécis. *La Doutelle* repartit pour Nantes. Les Macdonalds, les Camerons, les Stuarts, etc., dont les ancêtres avaient combattu sous Montrose et Dundee, entourèrent leur jeune prince, et répondirent avec acclamation à la santé proposée par l'un d'eux en gaélique : *Deochs laint an Reogh*, à la santé du roi. Le gouvernement avait ordonné le désarmement général des clans ; mais les clans qui lui étaient dévoués obéirent seuls, entre autres le clan du duc d'Argyle, tandis que les partisans des Stuarts avaient su cacher leurs armes. Le 19 août, l'étendard de Charles fut élevé sur une éminence de Glenfinin. C'était une bannière de soie rouge avec un espace blanc au centre, où bientôt fut inscrite la devise *Tandem triumphans*. Quand ses plis flottèrent au gré des vents d'Écosse, douze cents toques bleues furent lancées dans les airs pour la saluer, les

pagne ; F. Strickland, Anglais ; Kelly, ecclésiastique ; Enée Macdonald, banquier ; et Buchanan, messager.

joueurs de cornemuse firent entendre les vieux pibrocks nationaux ; une acclamation générale effraya les aigles sur leurs roches escarpées, comme dit une ballade, et l'on vit briller aux mains des fils de Gaël douze cents claymores dont la plupart s'étaient rougies du sang anglais à la mémorable bataille de Killiecankrie.

CHAPITRE XIII.

───

Sir John Cope, commandant les troupes du gouvernement, se prépare à combattre le prince. — Charles et les Highlanders marchent sur Édimbourg, et y font leur entrée. — Le roi Jacques VIII est proclamé. — Une héroïne de 1745.

Sir John Cope, commandant en chef de la force armée en Écosse, était un officier estimé dans les camps, sévère sur la discipline, et qui eût dédaigné de remporter une victoire contre les règles. Quand il apprit la réunion des clans, qu'il regardait comme de vrais sauvages indisciplinables, il passa ses troupes en revue, et sourit de son facile triomphe en voyant sous ses ordres deux régimens de dragons et trois régimens d'infanterie au complet, dont chaque compagnie, la tête bien poudrée, l'uniforme propre, l'arme au bras et immobile, n'attendait qu'un signal pour manœuvrer avec toute la précision recommandée par la théorie. Il représenta aux chefs du gouvernement qu'il était urgent de prendre une détermination, et que la meilleure était d'anéantir les rebelles au milieu de leurs montagnes. Avec l'assentiment de tout le conseil, sir John donna rendez-vous à ses troupes sous les remparts de Stirling ; et de là, se mettant à leur tête, il s'avança dans les Highlands jusqu'à Inverness. Depuis dix ans les routes militaires avaient été multipliées à travers la haute Écosse, dans le but de niveler à la fois le pays et les mœurs, et de couper court à toute insurrection des clans écossais, en facilitant une marche rapide de troupes régulières au sein de leurs vallées ; mais pendant que sir John Cope s'avançait ainsi vers le Nord, les Highlanders, dédaignant de le combattre, l'avaient laissé seul maître des routes tracées, et s'étaient dirigés sur Perth. Charles avait revêtu le *tartan*, et, sous ce costume, il semblait avoir trouvé toute l'agilité des Highlanders les plus hardis. Il franchissait comme eux, sans hésiter, les rochers et les torrens ; toujours gai, toujours affable, inspirant une sorte d'admiration, affectueux pour tous ses compagnons, et chaque nouvelle circonstance lui inspirant de ces mots heureux qui courent de rangs en rangs et électrisent le soldat. Il y avait d'ailleurs dans sa personne une grace naturelle qui, jointe à l'espèce de chevaleresque audace de son entreprise, parlait vivement au cœur des dames. C'était pour elles un bonheur de le voir de près, d'en obtenir un sourire, de lui baiser la main; et celles qui, plus heureuses encore, osaient lui demander d'être embrassées sur la joue comme Clementina Edmonstone à Doune, excitaient presque la jalousie, comme si chez les dames d'Écosse le *loyalisme* était devenu de l'amour. A Perth, un bal fut donné au prince; et ce fut en dansant avec les femmes des magistrats qu'il s'assura d'un subside que les maris de ces danseuses privilégiées ne pouvaient refuser. Ce fut là que lord Georges Murray fut nommé lieutenant-général, et ce poste n'était point au-dessus de la capacité de ce jeune lord ; l'armée elle-même devenait chaque jour plus imposante par le nombre. Elle traversa le Forth au-dessus de Stirling ; et les dragons commandés par le fameux colonel Gardiner (1), que sir John Cope n'avait pas emmenés avec lui, n'osèrent disputer le passage de ce fleuve, qui fut pour Charles-Édouard le passage du Rubicon. En effet, une terreur panique dispersa toutes les troupes et les milices. Les citoyens d'Édimbourg, alarmés, incertains, incapables de résister, ne délibérèrent pas longtemps, et Charles entra solennellement dans la capitale du royaume de ses pères, précédé depuis deux jours dans cette ville par ses Highlanders, qui avaient fait retentir les échos d'High-Street du pibrock bien connu :

« *We'll away to Sheriff Muir to hand the whigs taorder.* »
« Nous irons à Sheriff-Moor pour mettre les Whigs à la raison. »

Mais Charles évita les dénominations de Whigs et de Torys; il ne voulut voir que des Écossais dans les sujets de

(1) Désigné par l'initiale G dans *Waverley*.

son père, et en appela aux glorieux souvenirs de l'indépendance nationale encore plus qu'aux titres de sa famille. Le roi Jacques VIII fut proclamé : le prince, reconnu régent du royaume, occupa le palais d'Holyrood (1). Les Hanovriens continrent leur dépit. Les Jacobites et les dames surtout, à Édimbourg comme à Perth, ne pouvaient se lasser d'admirer les graces du prince victorieux. Par intervalle, le canon du château, encore au pouvoir des soldats anglais, grondait sur la ville comme pour protester contre les acclamations et les joyeuses fêtes qui célébraient la régénération de l'Ecosse, naguère asservie. Charles-Edouard répéta plusieurs fois qu'il abolissait l'Union des royaumes. Quelques Whigs chagrins remarquèrent dans ses regards et ses traits un air de mélancolie, même au milieu de son triomphe. Mais les Jacobites, charmés de sa bonne mine sous son costume de tartan, décoré de la croix de Saint-André, prétendaient trouver dans la noblesse de ses traits une ressemblance avec ceux de Robert Bruce. C'était lui prédire les exploits et la fortune de ce roi chevalier, chef de la dynastie des Stuarts. Les fautes de cette dynastie étaient comme expiées par ses malheurs. Le dévouement pour le roi légitime était porté à cet enthousiasme qui enfante des prodiges ; il y avait dans tout ce qui se passait à cette aurore d'une restauration une sorte de renaissance de la chevalerie. Pendant que les hérauts proclamaient Jacques et son fils à la croix d'Édimbourg, on vit mistress Murray de Broughton, femme d'une rare beauté, montée sur un coursier élé-

(1) Voyez le tome second de *Waverley*.

gant, auprès du héraut, comme une héroïne du Tasse ou de l'Arioste, l'épée nue à la main, et décorée d'une profusion de rubans dont la couleur blanche était devenue l'emblème des royalistes.

CHAPITRE XIV.

BATAILLE DE PRESTON-PANS OU GLADSMUIR. — LE CO-
LONEL GARDINER. — SIR JOHN COPE SE RETIRE AVEC
QUATRE CENTS DRAGONS. — MODÉRATION DU PRINCE. —
SA RENTRÉE A ÉDIMBOURG. — OPPOSITION DU CLERGÉ.
— PÉNURIE DE CHARLES-ÉDOUARD. — CONTRIBUTIONS
IMPOSÉES A GLASCOW.

Cependant sir John Cope était revenu sur ses pas après de longs circuits. Il avait embarqué ses troupes pour se porter sûrement cette fois au-devant de l'armée du prince, et avait retrouvé la terre ferme à Dunbar, d'où il dirigea ses forces sur Musselbourg. Il entrait dans la plaine située entre Seton et Preston, lorsque lord Loudon, un de ses officiers qu'il avait envoyés pour reconnaître l'emplacement où il se proposait de camper, vint lui annoncer que les Highlanders et le prince, après trois jours de repos dans la capitale, marchaient eux-mêmes à sa rencontre. Plus surpris que déconcerté, sir John Cope fit faire halte à ses troupes et les rangea en bataille, étendant sa droite vers la mer, et sa gauche vers le village de Tranent : au même moment parut sur les hauteurs opposées l'armée de Charles-Édouard. Le prince tira son épée, en jeta le fourreau, et fut salué d'une acclamation de victoire par ses soldats, qui comprirent qu'il comptait payer de sa personne dans l'action ; cependant le reste du jour se passa en escarmouches et en changemens respectifs de position dans les deux armées. Un large marais protégeait sir John Cope mieux que ses tranchées pratiquées selon les règles de l'art ; mais le propriétaire du terrain lui-même était sous l'étendard du Chevalier, et s'offrit le lendemain matin pour le guider jusqu'au général anglais, par le détour d'un sentier connu de lui seul (1) : un brouillard épais qui prolongeait la nuit, favorisa la marche des Highlanders. Ils ne purent toutefois surprendre l'ennemi, mais leur but était de le vaincre, et ils comptaient plus sur leur valeur que sur les ruses de la guerre ; le soleil dissipa les vapeurs du matin, et le signal fut donné. La cavalerie de Cope fit la première charge ; mais repoussée, et saisie d'une terreur soudaine, elle prit la fuite au galop. Le colonel Gardiner, officier cité par Walter Scott, d'après les témoignages du temps, comme le modèle du guerrier religieux, ne voulut pas survivre au déshonneur de ses dragons (2) ; il mit pied à terre et combattit avec l'infanterie ; elle fut bientôt en déroute ainsi que les soldats à cheval et les artilleurs. Gardiner périt en brave : c'était en effet sa seule ressource. Les Highlanders, impétueux, irrésistibles, fon-

(1) Home appelle ce jacobite M. Anderson.
(2) Sa vie a été écrite comme modèle d'un soldat chrétien.

dirent comme des lions sur les Anglais ; et dans ce combat d'homme à homme qui plaisait tant à leur audace, il y eut un Caméron qui tua de sa main jusqu'à quatorze *soldats rouges;* un autre amena au prince toute une compagnie de prisonniers, qui marchaient devant lui la tête basse comme un troupeau de moutons. La lâcheté des Anglais dans cette affaire fut presque incroyable. Il n'en serait échappé qu'un petit nombre si, selon leur usage, les clans n'avaient préféré le butin aux prisonniers; les étendards des vaincus furent déposés aux pieds de Charles, qui montra dans cette journée une modéraration non moins héroïque que sa valeur. Sir John Cope, après de vains efforts pour ramener ses soldats au combat, prit aussi le parti de fuir au galop juqu'à Berwick avec quatre cents de ses dragons. Le sentier dans lequel il tourna bride retient encore dans le pays le nom de *chemin de John Cope* (1).

Charles-Édouard rentra dans Édimbourg en conquérant victorieux. Il y passa six semaines à préparer les suites de son expédition, mêlant toujours les fêtes aux affaires, mais les plaisirs étaient encore pour lui de la politique. Ses partisans augmentaient chaque jour. Ce fut en vain néanmoins que le clergé des paroisses fut invité à célébrer le service presbytérien. Tous les ministres avaient déserté, soit qu'ils n'eussent point foi à la tolérance du prince, soit qu'ils se crussent humiliés de la subir. On cite même le desservant d'une paroisse de village, qui, plus hardi, monta en chaire

---

(1) Cette bataille a été déc   avec détail dans *Waverley.*

le dimanche, et osa dire « qu'en bon chrétien il fallait désirer pour Charles quelque chose de mieux qu'une couronne mortelle, et que quant à lui, il souhaitait que Dieu lui accordât promptement la couronne céleste qu'il méritait si bien. » Cette prière fut rapportée au prince, qui en rit de bon cœur.

Généreux dans ses proclamations, et surtout dans ses actes, le Chevalier conquit plus de partisans par cette conduite que par sa victoire. Outre les troupes réglées, de zélés presbytériens avaient joint sir John Cope, pour défendre leur religion contre le petit-fils de ses persécuteurs : d'autres, tels que l'historien Home alors jeune étudiant, avaient pris les armes contre celui qu'ils croyaient l'ennemi né des libertés politiques du royaume : le nombre de ces opposans diminua insensiblement. Il ne manquait plus à Charles que l'argent, et pour s'en procurer il fut contraint d'avoir recours à des emprunts forcés, à des taxes extraordinaires. Plus riche, il eût peut-être trouvé à acheter les opinions des Whigs; mais c'était trop exiger que de vouloir les convertir au jacobitisme en les faisant payer eux-mêmes; le manque de numéraire nuisit donc beaucoup à son succès. Glascow, jadis connu par son opposition aux Stuarts, fut condamné entre autres à verser au trésor du prince 5500 livres sterling. Ce fut, aux yeux des marchands des bords de la Clyde, une taxe aussi dure que le blacken-mail (1) exigé au temps jadis par les Chefs des Highlands, sur les habitans des basses-terres.

(1) Ou Black-mail, contribution du voleur, de *blacken*, voleur, et *mail*, tribut.

CHAPITRE XV.

LEVERS D'HOLYROOD. — CAMP DE DUDDRINGTON. — ESPRIT DE QUELQUES JACOBITES DE NOUVELLE DATE. — MARCHE SUR LONDRES. — LE MARÉCHAL WADE. — PRISE DE MANCHESTER.

Les levers d'Holyrood-House, pendant le séjour de Charles, sont souvent encore cités à Édimbourg (1). On y voyait les officiers du prince, mais il y avait aussi une antichambre de courtisans. Le conseil avait lieu avant le dîner, qui était public ainsi que le souper. Le soir, c'était le tour des dames de venir embellir la cour du jeune prince dans ce palais naguère désert : les concerts et les bals étaient les divertissemens habituels

(1) Voyez *Waverley*.

LEVERS D'HOLYROOD.

de ces réunions toujours nombreuses ; mais Charles-Édouard n'oubliait pas dans ces pompes royales ses devoirs de capitaine. Son camp était auprès de Duddingston (1), il s'y rendait chaque jour, y passait des inspections et des revues ; il y avait sa tente, et souvent après avoir donné à Holyrood le signal des plaisirs, il venait en soldat dormir au milieu de ses braves Highlanders, enveloppé dans ce plaid de tartan qu'il préférait à la pourpre et aux rideaux de soie.

Autour de lui on remarquait le duc de Perth, lord Georges Murray, lord Pitsligo (2), lord Elcho, et tous les principaux Chefs de Highlands, tels que les Mac-Donalds, les Mac-Leods, les Camerons, les Appin-Stuarts, les Mac-Grégors, les Atholes, les Robertson, etc. Charles-Édouard regrettait cependant la coopération active de quelques Chefs restés dans leurs îles ou sur leurs montagnes. Il envoya un messager à l'île de Skye, mais cette île avait été visitée par Duncan Forbes, magistrat anti-jacobite, qui avait une grande influence en Écosse, homme de talent et doué d'un courage civil à toute épreuve. Ses conseils dissuadèrent plus d'un Chef de joindre l'étendard des Stuarts ; mais la nouvelle de la bataille de Gladsmuir en décida plusieurs, et dans le nombre, le propre neveu de Duncan Forbes,

To leave their bonnie Hieland Hills
Their wives and bairns so dear
To draw thesword for Scotland's lord,
The young Chevalier (3)

(1) A trois milles d'Édimbourg.
(2) Brave militaire de la vieille école, que Walter Scott a peint d'une manière si originale sous le nom de baron de Bradwardine
(3) Ballade jacobite

« A quitter leurs cheres montagnes, leurs epouses et leurs enfans bien-
» aimés, pour tirer l'épée en faveur du seigneur de l'Écosse, le
» jeune Chevalier. »

Mais parmi les nouveaux adhérens du Chevalier, il se trouva malheureusement plus d'un politique prudent qui lui apportait une fidélité intéressée, un faux enthousiasme d'ambition, et toute la tiédeur réelle du faux zèle. Les uns étaient des Whigs convertis par la peur; d'autres, des Jacobites plus égoïstes qu'avides de gloire. On en vit qui partagèrent leurs enfans et leurs soldats, pour envoyer les uns sous une bannière, les autres sous une autre, avec l'intention de se ménager une protection ou un refuge du côté du vainqueur, quel qu'il fût. Le plus illustre de ces Jacobites à visage double, fut le vieux lord Lovat, dont la vie d'intrigues et de mensonges fut terminée par une si belle mort. C'était, sous plusieurs rapports, le type des anciens barons féodaux, turbulent et dissimulé, cupide et ambitieux. Il commanda à son fils, âgé de dix-huit ans, de conduire au prince son clan de Frasers, tandis qu'il écrivait au président Duncan Forbes pour se plaindre de sa rébellion, et se représenter comme le plus outragé des pères.

Cependant Georges II était revenu à Londres et commençait à s'alarmer sérieusement. Vers la fin de septembre, le maréchal Wade reçut l'ordre de se mettre à la tête d'un corps de troupes rassemblé à Duncaster, et le maréchal dirigea ses soldats sur Newcastle. De nombreux détachemens arrivèrent de l'armée de Flandre avec le duc de Cumberland. Il était temps de s'opposer à la marche du Chevalier. Le 31 octobre, après six semaines passées à Édimbourg, Charles-Édouard avait quitté cette ville, décidé à se diriger sur Londres ; il n'avait que six mille hommes, mais il espérait être joint par ses partisans de l'autre bord de la Tweed. Quelques officiers français étaient venus prendre du service auprès de sa personne ; peut-être comptait-il sur une descente d'un corps plus considérable en Angleterre : vainement quelques Chefs s'étaient opposés à une entreprise qui leur paraissait hasardée avec une si faible armée ; Charles trouvait pour toutes leurs objections de ces répliques chevaleresques auxquelles les braves ne savent pas résister. Plus de mille hommes cependant désertèrent, et parmi ceux-là étaient plusieurs Highlanders que des motifs de jalousie, plutôt que des motifs de prudence, détachaient de l'étendard du prince. Carlisle fut forcé d'ouvrir ses portes aux vainqueurs de Gladsmuir : ils traversèrent seulement Penrick et Kendal. Cependant aucun gentilhomme anglais ne se déclarait encore, les Highlanders se voyaient précédés d'une renommée funeste : on avait répandu le bruit que c'étaient une bande de cannibales. On écartait les enfans de leur passage : le sentiment le plus favorable pour eux, était la curiosité qu'excitait l'étrange costume de ce peuple en jupon (*the wild petticoat men*). Dans certaines villes, des acclamations et quelques recrues leur donnèrent toutefois des espérances bientôt dissipées. Telle fut leur entrée à Manchester, ville qui se laissa prendre, comme l'exprime un dicton populaire, par un sergent, un tambour et une fille. Un nommé Dickson, un des sous-officiers vaincus à Gladsmuir, avait accepté du service dans les troupes du prince. Devançant d'un jour le corps d'armée, il arriva le matin du 29 novembre à Manchester, avec un tambour et une concubine qui suivait sa fortune : Dickson fit battre du tambour dans la place publique, et s'annonça comme recrutant pour le roi Jacques. Les habitans crurent que les Highlanders étaient à leurs portes; mais, ne voyant arriver personne, la populace se crut bravée, entoura Dickson, et voulut le faire prisonnier mort ou vif. Le sergent ne voulut pas avoir le démenti de son audace, arrêta les plus téméraires en leur présentant le canon de son fusil, et criant qu'il allait faire sauter la cervelle au premier qui le toucherait. Le tambour continuait de battre : les Jacobites du pays s'excitèrent les uns les autres à défendre ce brave recruteur; ils s'armèrent, et accoururent à son secours. Alors Dickson changea de rôle; en un moment il eut six cents hommes sous son commandement. La populace hostile fut dispersée : le tambour sonna la victoire. Le sergent parcourut les rues en triomphateur, et avec trois guinées de dépense, il enrôla un nombreux bataillon. La ville fut illuminée le soir pour l'entrée du prince.

CHAPITRE XVI.

MARCHE SUR LONDRES. — ÉTAT DE L'ANGLETERRE. — CONSEIL DE DERBY. — LA RETRAITE EST DÉCIDÉE. — DÉSESPOIR DE CHARLES-ÉDOUARD. — MARCHE RÉTROGRADE — AFFAIRE DE CLIFTONGROVE.

Un détachement de l'armée écossaise fut dirigé sur Newcastle, où l'armée d'Angleterre était réunie sous le commandement du duc de Cumberland. Ce général crut que le Chevalier allait lui offrir la bataille : c'était une ruse de guerre ; le Chevalier s'avançait sur la route de Londres ; le 4, il en était à cent milles (33 lieues), dans la ville de Derby. Il n'y avait plus que trois journées de marche entre le camp des Jacobites et les tours de Westminster, et il était permis à Charles d'espérer qu'il pourrait bientôt les couronner de sa bannière victorieuse. La terreur fut générale à la cour de Saint-James et se propagea dans toutes les classes de la population. Les trésors du palais furent embarqués dans des yachts prêts à mettre à la voile; Georges se disposait à partir comme jadis Jacques II; toutes les boutiques furent fermées; la banqueroute était aux portes de la banque : les administrateurs ne l'évitèrent que par l'expédient de payer les billets avec des pièces de six pences pour gagner du temps. Il est curieux d'étudier les diverses émotions de l'esprit public à cette époque, pour pouvoir juger s'il eût été si difficile à Charles Édouard de terminer son entreprise par la prise de Londres. La terreur du jacobitisme était-elle générale? n'aurait-elle pas été dissipée par la conduite du prince? les préventions contre sa dynastie n'étaient-elles pas un peu effacées par le temps ? cette famille de Brunswick, plus allemande qu'anglaise, avait-elle pour l'imagination du peuple un prestige comparable à celui qui entourait un jeune héros réunissant aux charmes de la grace l'éclat d'un courage chevaleresque? la religion anglicane aurait-elle opposé plus de résistance en Angleterre que la religion presbytérienne en Écosse? Le fanatisme n'était plus; l'indifférence l'avait remplacé presque partout; et d'ailleurs Charles-Édouard s'était montré tolérant avec franchise. Les papiers trouvés à Rome dans l'inventaire du cardinal d'York ont prouvé que les principales familles des Torys avaient pris l'engagement de se déclarer pour Charles-Édouard s'il parvenait jusqu'à Londres : ces Jacobites étaient bien tièdes ou bien prudens pour des conspirateurs; mais les Whigs ne montraient-ils pas la même tiédeur ou la même prudence dans leur opinion? Le gouvernement reçut leurs offres de dévouement comme s'il y croyait : les volontaires s'organisaient en bataillons ; mais sans trop se presser. « Londres, dit un auteur contemporain écrivant sur les lieux, Londres est ouvert au premier occupant. » Gray, dans une lettre à Horace Walpole (1), datée de Cambridge, s'exprime en ces termes : « Le peuple sait « au moins comment avoir peur; mais nous sommes ici « des gens bizarres, et nous ne nous occupons pas plus « du danger que si la bataille dont il s'agit allait se li- « vrer dans la même plaine que celle de Cannes. » Quand on a appris que les Écossais étaient à Stam- « ford, et puis à Derby, j'ai entendu des gens sensés « parler de louer une chaise de poste pour aller à Cax- « ton, sur la grande route, voir passer le Prétendant et « ses Highlanders. » C'est ainsi que dans Londres, pour nous servir d'une locution moderne, la plupart des habitans, si Charles-Édouard y était entré, se seraient mis tranquillement à leurs fenêtres pour voir défiler cette contre-révolution.

« Si je ne connaissais la bravoure naturelle des An- « glais, lisons-nous dans une lettre de sir Andrew Mit- « chell au lord président Duncan Forbes, j'aurais pris « d'eux une bien fausse opinion. Le moindre bruit d'une « bonne nouvelle les exalte de la manière la plus ab- « surde; le moindre revers les abat jusqu'au dernier de- « gré de découragement (2). »

(1) *Gray's Works*, edit. by Mason.
(2) *Culloden's papers*.

Tout dépendait enfin d'un coup décisif, et la contre-partie du triomphe de Guillaume allait se réaliser : telle était l'opinion du jeune prince à Derby, en assemblant son conseil de guerre. Quel fut son désappointement lorsque la retraite y fut décidée à l'unanimité. Les détails de ce conseil sont demeurés secrets, et les motifs des Chefs encore inexplicables; tout ce qu'on peut dire, c'est que Charles-Édouard seul fut d'avis de marcher en avant, qu'il eut recours aux prières, aux pleurs même, pour changer la détermination de ses officiers : ils restèrent opiniâtres. Il fallut rebrousser chemin ; les soldats croyaient être dirigés sur Londres, et ils s'aperçurent avec douleur de ce mouvement rétrograde, dont l'ordre ressemblait à une trahison ; mais rien n'égala le désespoir du prince : ce ne fut plus ce général toujours à l'avant-garde, le premier levé, le premier à son poste ; on eût dit un captif qu'on arrachait à sa patrie : distrait, rêveur, abattu, il était toujours le dernier parmi les traînards, et ne retrouvait une partie de son ancienne gaieté que lorsqu'il s'agissait de combattre.

Cependant la retraite fut conduite avec tant d'habileté, que le duc de Cumberland n'en fut positivement instruit qu'après deux jours, lorsque déjà les Écossais avaient dépassé Manchester. Le duc abandonna son système défensif pour prendre l'offensive; mais il ne put atteindre l'arrière-garde qu'à Shap dans le Westmoreland, où le prince et lord Georges Murray résolurent de prouver aux Anglais qu'il pouvait être dangereux de les harceler de trop près : un engagement partiel eut lieu entre Shap et les Enclos de Clifton : les Highlanders y perdirent douze hommes, et en tuèrent cent cinquante à l'ennemi ; on ne fit qu'un prisonnier : c'était un domestique du duc de Cumberland ; Charles-Edouard eut la courtoisie de le renvoyer immédiatement à son maître (1).

(1) C'est à l'engagement de *Clifton-Enclosures* que sir Walter Scott sépare Waverley de l'armée des Highlanders.

CHAPITRE XVII.

L'ARMÉE DE CHARLES-ÉDOUARD CONTINUE SA RETRAITE EN ÉCOSSE.—DÉVOUEMENT DE LA GARNISON DE CARLISLE. — LE DUC DE CUMBERLAND RETOURNE A LONDRES. — CONTRIBUTIONS DE GUERRE. — ON VEUT ASSASSINER CHARLES-ÉDOUARD.—LE GÉNÉRAL WOLF.—PRÉDICTION DE COPE. — LE COLONEL CAMPBELL. — CHAMP DE BATAILLE DE FALKIRK. — LE GÉNÉRAL HAWLEY FAIT LA COUR AUX DAMES JACOBITES. — UNE SORCIÈRE SOUS LA FORME D'UN LIÈVRE.

L'ARMÉE passa la nuit du 19 décembre à Carlisle, où un corps de trois cents hommes, Anglais, Français et Hollandais, se dévoua pour tenir garnison et défendre la ville; mais, dès le surlendemain, toute l'armée du duc de Cumberland était sous les remparts. Le duc fit venir du canon de Whitehaven. Le 30 décembre, les soldats de Charles-Édouard demandèrent à capituler; et ils s'en remirent à la générosité de Son Altesse Royale : la suite prouva qu'ils lui avaient supposé une vertu dont il était incapable. Croyant la poursuite d'une armée en retraite au-dessous de sa dignité, le duc n'alla pas plus loin, et retourna à Londres, laissant le commandement partagé entre le maréchal Wade et le général Hawley; le premier s'arrêta à Newcastle, le second eut ordre de marcher en Écosse.

Cependant Charles-Édouard avait traversé l'Esk, qui, du côté de Carlisle, sert de limite entre les deux royaumes. L'étendard de Glenfinnin flottait de nouveau sur le sol calédonien; cet étendard, jusqu'ici triomphant, avait parcouru une partie de l'Angleterre, et il revenait sans avoir subi l'affront d'une seule défaite : une victoire devait encore le couronner. Dumfries et Glascow furent successivement occupés par les Highlanders; des contributions pesèrent sur ces deux villes qui s'étaient montrées peu favorables à leur cause; mais Charles personnellement ne tirait d'autre vengeance des principaux Whigs que celle de leur demander l'hospitalité pour lui et sa suite. Un fanatique voulut l'assassiner à Glascow : on l'arrêta au moment où il dirigeait son pistolet contre le prince, qui n'en conserva pas moins toute sa modération; il exigea toutefois que Glascow habillât complètement ses troupes, qui revenaient dans un dénuement à peu près complet.

De Glascow les Highlanders partirent en deux corps, l'un dirigé sur Kildsyth, l'autre sur Cumbernauld. Édimbourg était retombé au pouvoir de l'armée anglaise, et avait rallié dans son enceinte, outre les soldats battus à Preston-Pans, plus de huit mille hommes de troupes réglées; parmi les nouveaux régimens, il en était un, dont le colonel était le fameux Wolf, destiné à se mesurer un jour dans le Canada avec Moncalm, et à périr en héros sous les murs de Quebec. L'armée de Charles recevait aussi de nouveaux renforts; et, malgré les désertions, il réunit aussi environ huit mille hommes dans cette plaine de Falkirk où, quatre siècles auparavant, Édouard Ier, roi d'Angleterre, avait gagné une grande victoire sur Wallace, qui eut à regretter dans ce revers ses deux amis, sir John de Grahame et sir John Stuart (1). Hawley ne doutait pas d'écraser sur ce champ de bataille funeste à l'Écosse le parti de Charles, ce général avait hérité à la fois du commandement et de l'imprudente forfanterie de Cope; soit dépit, soit expérience, Cope avait prédit que son successeur ne serait pas plus heureux que lui.

Falkirk n'est pas loin de Bannockburn, où Robert Bruce avait pris si bien sa revanche sur les Anglais. Le 17 janvier, Hawley fut joint par le colonel Campbell, fils de ce duc d'Argyle qui avait tant contribué à *l'Union*. Le fils avait employé tout son crédit à contenir les comtés de l'ouest: il venait prendre une part plus directe à la guerre; mais Hawley méprisait tellement les Highlanders, qu'il eût préféré les voir tous dans les rangs ennemis. Sa haine ne s'étendait pas à tous les Jacobites; il faisait du moins une exception en faveur des dames, et la belle comtesse de Kil-

---

(1) 1298.

marnock réussit à le distraire des soins du commandement pendant plusieurs heures, le jour même de la bataille, en l'invitant à la visiter dans son château de Callender ; ce fut pour cet Annibal anglais une matinée de Capoue. Charles savait être galant plus à propos ; il prit ses dispositions en général exercé, qui fait trop de cas du courage de ses soldats pour les exposer à une défaite causée par la négligence des chefs, tandis qu'il fallut envoyer messager sur messager à Hawley pour le ramener à ses lignes ; il arriva enfin au galop, sans chapeau, et trahissant par d'autres marques la précipitation de son retour. La tradition prétend qu'il avait été précédé par un singulier précurseur : un lièvre, chassé de son gîte, était venu passer en fuyant devant le front de la bataille. — Hallo ! hallo ! c'est la mère du duc de Perth ! s'écrièrent les soldats anglais. — Ces exclamations indiquaient une plaisanterie plus qu'une croyance superstitieuse ; mais on désignait généralement comme sorcière la vieille duchesse de Perth, catholique très-dévote : la pensée vint à quelque soldat en bonne humeur que c'était elle qui avait pris cette forme pour passer en revue l'armée ennemie ; bientôt cette armée put envier la fuite rapide de la prétendue magicienne.

CHAPITRE XVIII.

BATAILLE DE FALKIRK. — JOURNAL DE CHARLES-ÉDOUARD. — RETOUR DU DUC DE CUMBERLAND. — JUGEMENT SUR CE PRINCE.

Le général Hawley comptait principalement sur sa cavalerie pour rompre les rangs des Highlanders; mais ceux-ci attendirent les dragons de pied ferme jusqu'à une demi-portée de pistolet; et une décharge générale suffit pour faire reculer ces mêmes régimens dont les vainqueurs de Fontenoy avaient admiré le courage. A leur tour, les clans fondirent sur les soldats anglais, et rien ne résista à leur sauvage impétuosité. Depuis le matin, de sombres nuages pesaient sur la plaine: l'orage éclata en ce moment, comme s'il était descendu des Highlands pour combattre avec ces enfans des montagnes qui l'invoquaient si souvent dans leurs chants populaires. Charles, voyant fuir la plus grande partie de l'armée ennemie, se mit à la tête de sa réserve. et précipita sur les régimens qui étaient encore intacts la déroute devint complète, et surprit les Chefs montagnards, qui se demandaient en gaëlique :—Où sont-ils? — Il ne restait en effet de l'armée de Hawley que près de trois cents hommes, blessés ou tués. Cette prompte victoire mit les Highlanders en méfiance, et ils n'osèrent pas profiter d'une déroute qui leur semblait une feinte. Ainsi fut vérifiée la prédiction de sir John Cope. Hawley rentra furieux à Édimbourg, où il avait laissé avant son départ cinq potences destinées à ses prisonniers; il fut réduit à y attacher cinq de ses propres fuyards pour servir d'exemple. Il est indubitable que, dans ces premiers momens de consternation, Charles-Édouard aurait pu marcher sur Édimbourg, et chasser même les Anglais de toute l'Écosse; il eut le tort de s'arrêter au siège de Stirling, tant il est difficile de retrouver toute l'énergie de ses premières impulsions quand on s'est une fois laissé aller à un système de mouvemens rétrogrades. Il avait apporté de Glascow une arme des temps modernes, et inusitée encore pour les chevaliers sauvages des Highlands, mais dont l'emploi, bien dirigé, peut quelquefois épargner les boulets de canon ou en doubler la force destructive : nous voulons parler d'une presse d'imprimerie, vraie machine de guerre sous le rapport des proclamations, des manifestes, des journaux, des bulletins, etc. Le plus grand capitaine de nos jours, Napoléon a montré tout le parti qu'on peut tirer de cette invention contemporaine de celle de la poudre. Charles-Édouard s'en servit surtout pour répondre aux mensonges des gazettes de Londres par une espèce de journal de ses campagnes ; mais le détail de l'affaire de Falkirk fut une de ses dernières publications : dans les marches rapides qui terminèrent la campagne, la presse ne put long-temps suivre les Highlanders.

Lorsque la nouvelle de la défaite de Hawley parvint à la cour de Saint-James, le duc de Cumberland reconnut qu'il avait eu tort de confier à d'autres qu'à lui-même le soin de poursuivre les rebelles ; il partit à la hâte pour Edimbourg, où il arriva en quatre jours, le 30 janvier. On comptait beaucoup sur sa capacité et encore plus sur son rang ; il y avait un charme pour les Écossais, pensait-on, dans le titre de Charles-Édouard ; ce serait désormais prince contre prince. Dans ce dernier calcul, on oubliait que le titre seul ne suffit pas. A part le courage, le héros de la maison de Brunswick possédait-il ces qualités de prince qui ennoblissaient Charles-Édouard dans la mauvaise fortune comme dans la bonne? possédait-il ces graces, cette courtoisie, cette générosité et cette humanité, qui légitimeraient presque l'usurpation ? Le duc de Cumberland, avons-nous déjà remarqué, n'avait que le talent de se faire aimer de ses propres soldats ; ce général, qui avait toujours été vaincu jusqu'alors, eut sans doute un vrai mérite militaire ; car le talent et le courage ont quelquefois leurs revers, et à la guerre il y a aussi des lauriers pour les vaincus ; mais l'homme qui au titre de vainqueur de

Culloden réunit le surnom de *Boucher*, digne récompense de ses fureurs, méritait de ne remporter jamais que cette seule victoire, et de l'expier un jour par la honte de Clostersevern (1).

(1) Voyez l'*Histoire du duc de Richelieu*.

CHAPITRE XIX.

COUR DU DUC DE CUMBERLAND A HOLYROOD. — OPPRESSION ET EXACTIONS. — JEANIE CAMERON. — DÉVOUEMENT D'UN HIGHLANDER.

Sous les lambris du palais d'Holyrood occupés naguère par Charles-Édouard, le duc de Cumberland eut aussi sa cour et ses fêtes, et dans la ville ses illuminations ; mais il remarqua une infinité de croisées dont les carreaux étaient brisés dans High-Street, et apprit que c'étaient celles des Jacobites, qu'on avait ainsi avertis à coups de pierres de la nécessité de fêter le libérateur futur de l'Écosse. Pour être juste il faut dire que les Jacobites, malgré la modération de leur chef, avaient bien exercé aussi leurs petites rigueurs contre les Whigs, et que si la soldatesque anglaise se montrait quelquefois brutale envers les citoyens, les Highlanders n'avaient pas toujours respecté la propriété d'autrui dans cette campagne. Mais les méfaits de ce genre sont surtout odieux, aux yeux de l'histoire, quand elle est forcée d'en accuser le général autant que le soldat. Ce ne sont plus alors de simples délits partiels qui échapperont toujours à la vigilance du chef le plus sévère. De tels actes flétrissent la gloire de celui qui se vante comme le duc de venir rétablir l'ordre dans le pays qu'il opprime.

Le duc de Cumberland ne tarda pas à partir pour Falkirk : il y fit prisonniers quelques traînards, entre autres la célèbre Jeanie Cameron, qui passait pour la maîtresse du Chevalier. Comme pour préluder au système de réaction et de terreur dont on le savait partisan, ses soldats mirent le feu au château de Linlithgow, berceau de Marie Stuart, un des monumens les plus précieux de l'Écosse par son architecture et les souvenirs du passé (1).

L'armée de Charles se retirait plus au nord partagée en deux divisions, dont l'une était sous les ordres de lord Georges Murray, l'autre sous ceux du prince. Inverness était le rendez-vous général. Plus le duc s'avançait sur ses traces, plus il trouvait de Jacobites dans la population ; mais ils étaient généralement paisibles, et d'ailleurs il avait reçu d'Allemagne des renforts qu'avait conduits son beau-frère lui-même, le prince de Hesse, tandis que les secours d'argent et de muni-

(1) Voyez le chant IV de *Marmion*, et les *Vues pittoresques d'Écosse*.

tions que Charles attendait de France, et qui lui furent en effet envoyés, avaient été capturés par les croisières anglaises; aussi le dénuement des Highlanders commençait à exciter la pitié de leur prince, et ce fut une des raisons qui lui firent tenter une bataille décisive. Après diverses marches et contre-marches, après quelques engagemens peu importans, les deux armées se trouvèrent rapprochées dans les bruyères de Dummossie-Moor ou de Culloden, à cinq milles d'Inverness et à douze milles de Nairn.

Charles tenta une attaque de nuit sur le camp du duc, le 15 avril, mais il ne put le surprendre : ce fut un échec, ou du moins un grand sujet de découragement pour les Highlanders harassés de fatigue, et dont la famine commençait à miner la vigueur. Les troupes du duc avaient la confiance que donne le nombre; leur général, instruit par les défaites de Cope et d'Hawley, avait exercé le soldat à frapper obliquement l'ennemi, c'est-à-dire à diriger la baïonnette, non contre le Highlander qui lui était opposé directement, mais contre son camarade de droite, afin d'éluder la résistance du bouclier ou *target* à l'abri duquel l'Écossais portait généralement lui-même les premiers coups. Les dispositions du duc avant la bataille furent parfaitement combinées : connaissant l'impétuosité de la première charge des Highlanders, il avait formé son armée en triple ligne, de manière qu'il eût été impossible à l'ennemi de rompre un régiment sans en trouver deux autres pour le remplacer. Ne comptant pas assez sur le courage de ses soldats, il l'enflamma encore par une harangue qui tendait à leur représenter les Jacobites comme des cannibales altérés de leur sang.

Les Highlanders s'avancèrent en colonnes serrées, mais ils observèrent avec un pressentiment funeste que le temps, qui leur avait été si favorable à Falkirk, se déclarait contre eux. En effet, le jour avait été assez pur; le soleil se couvrit en un instant de sombres nuages, le vent souffla avec violence du nord-est, et jeta contre les partisans de Charles-Édouard une neige mêlée de pluie. Les Anglais sentirent redoubler leur ardeur, et déjouèrent tous les efforts que fit le jeune prince pour tourner leur position.

La bataille fut précédée par un de ces dévouemens dont l'histoire ne saurait approuver l'aveugle exaltation, Un montagnard feignit de se rendre aux Anglais, et fut envoyé sur les derrières; il supporta patiemment les moqueries des soldats jusqu'à ce qu'il aperçût à sa portée un officier en costume splendide. Alors, saisissant un mousquet, il fit feu croyant tuer le duc; il manqua son coup, et fut lui-même fusillé; mais il avait fait le sacrifice de sa vie, sachant bien que le succès même ne l'eût pas absous.

CHAPITRE XX.

BATAILLE DE CULLODEN. — ATTAQUE DES CLANS. — ILS SONT REPOUSSÉS, VAINCUS. — LEUR DÉROUTE. — SUITES DE LA VICTOIRE DU DUC. — CHASSE AUX REBELLES. — INSCRIPTION D'INVERRAR. — SMOLLET.

On avait attribué les précédentes victoires de Charles-Édouard à l'impétueuse attaque de ses troupes. Dans cette mémorable journée, voyant que le temps favorisait les Anglais, les Chefs des Highlanders s'attendaient à être attaqués les premiers ; mais le duc de Cumberland, s'apercevant que ses boulets éclaircissaient rapidement les rangs ennemis, ne se pressait pas de donner le signal de la charge. Impatiens et furieux de voir quelques-uns des leurs tomber à chaque canonnade, les Mac-Intosh s'élancèrent d'eux-mêmes à travers la fumée, sur les lignes anglaises, au moment où lord

Georges Murray allait enfin leur en donner le signal. Les clans d'Athole, de Cameron, de Stuart, de Fraser et de Mac-Lean, enfonçant, selon l'usage, leurs toques sur les yeux, suivirent de près les Mac-Intosh. Le choc fut terrible ; mais un rempart de baïonnettes les attendait. Tout le premier rang des Highlanders tomba ; le carnage fut horrible dans le second ; le troisième, plus étonné que vaincu, recula ; mais aucune tactique ne pouvait réparer ce premier échec. Les clans de la réserve et les troupes recrutées dans les Lowlands rivalisèrent avec les montagnards par des prodiges de valeur. La rage les ramena plusieurs fois à la charge, tout fut inutile ; la déroute fut complète. L'aile gauche et l'aile droite furent forcées de battre en retraite ; Charles au désespoir, allait courir au-devant de la mort ; ses officiers l'entraînèrent avec eux. Le champ de bataille resta au duc de Cumberland au bout de quarante minutes. Un peu plus d'ordre et d'ensemble dans l'attaque en eût peut-être décidé autrement, malgré tous les avantages du nombre et de l'artillerie qui étaient du côté des Anglais. Les fugitifs de l'aile gauche, en se retirant sur Inverness, furent la plupart taillés en pièces ; mais l'aile droite fut plus heureuse. Un régiment de dragons avait été envoyé pour l'arrêter sur la rivière Nairn, mais saisis d'un involontaire respect, ces cavaliers ouvrirent spontanément leurs rangs pour laisser passer les Highlanders. Le massacre des blessés les dédommagea de cette espèce d'échec. Le duc de Cumberland en donna l'affreux signal, qui fut celui de toutes les cruautés qui souillèrent son triomphe. Ce général traversait le champ de bataille avec le colonel Wolfe, lorsqu'il aperçut un Highlander la tête appuyée sur son bras, et dans les yeux duquel brillait le sourire amer des vaincus ; le duc feignit d'y voir un regard de défi : « Wolfe, s'écria-t-il, brûlez-moi « la cervelle à ce drôle. » Le héros futur de Quebec refusa d'obéir ; mais les bourreaux ne manquèrent pas. Heureux ceux qui furent expédiés le jour même ; on en réserva plusieurs pour les deux jours suivans ; les uns étaient égorgés avec le fer, les autres fusillés en masse : un peloton s'était réfugié dans une hutte ; la hutte fut cernée, puis livrée aux flammes par les soldats, qui riaient des contorsions qu'arrachait le supplice du feu aux victimes. A Inverness, les gibets furent dressés pour les rebelles ; un officier anglais, dans un beau zèle, poignardait de sa main les cadavres des pendus pour les achever. La proscription fut organisée dans chaque comté par le duc lui-même, et ses instructions furent fidèlement suivies. Dans les villes, quelques formes dérisoires de justice légalisaient ses vengeances ; on faisait quelquefois la grace aux Jacobites de les juger après les avoir condamnés d'avance : « La loi, dit Johnson, gla« nait après l'épée. » Mais dans les campagnes on chassait les hommes comme des bêtes fauves (1).

Cependant les Whigs, auxquels on avait persuadé qu'ils échappaient à une réaction qui eût été tout aussi sanglante, se félicitaient du beau jour de Culloden. Les cloches sonnaient dans les églises presbytériennes pour

(1) Le mot *rebel-hunting*, chasse aux rebelles, fut créé à cette époque.

TRIOMPHE DES WHIGS.

annoncer la défaite de Rome; l'ale coulait en fontaines sur les carrefours pour célébrer le triomphe des libertés nationales. Des félicitations étaient adressées au roi et à son illustre fils. Londres eut ses fêtes civiques comme Édimbourg; et le parlement, estimant la gloire du duc au prix de l'or, vota vingt-cinq mille livres sterling de rente pour être ajoutées à son revenu.

Ainsi fut récompensé le petit-neveu du prince illégitime, pour avoir presque réalisé dans les Highlands le vœu du roi déchu qui, lorsqu'il n'était que duc d'York, avait voulu condamner l'Écosse à n'être plus qu'un vaste cimetière. La première pierre d'un édifice élevé dans un comté du nord, l'année de la victoire de Culloden, portait cette inscription:

> Guliemus, Cumbriæ dux, nobis hæc otia fecit
> . . . .
> Au duc de Cumberland nous devons ce repos.

A ce repos fruit du sang écossais, et célébré ainsi dans la langue de Virgile et de Tacite, on pouvait appliquer la phrase de l'historien des tyrans de Rome: *Solitudinem faciunt et pacem appellant...* Ils créent autour d'eux la solitude et l'appellent la paix. Tel fut sans doute le sentiment d'un historien d'ailleurs favorable à la maison de Brunswick, le célèbre Smollet, lorsque, rappelé par ses souvenirs d'enfance dans sa patrie, il écrivit d'inspiration son ode touchante des *Larmes de la Calédonie*:

> *While the warm blood bedews my veins*
> *And unimpaired remembrance reigns,*

ODE DE SMOLLET.

Resentment of my country fate
Within my filial breast shall beat;
And spite of her insulting foe
My sympathizing verse shall flow,
Mourn, hapless Caledonia, mourn
Thy banished peace, thy laurels torn

Tant que le sang animera mon cœur
Au souvenir de l'Écosse fidèle
Ce cœur ému palpitera pour elle,
Et maudira le nom de son vainqueur
Ma triste muse ose braver l'outrage.
Quel est ton sort, ô malheureux pays !
Tu dois gemir sur tes lauriers flétris,
On t'a donné la paix de l'esclavage.

CHAPITRE XXI.

MESURES DU DUC. — POLITIQUE CRUELLE. — PERSÉCUTION. — ABOLITION DES JURIDICTIONS HÉRÉDITAIRES. — PROCÈS DES CHEFS DES HIGHLANDS, ETC.

Une seule défaite a souvent suffi pour disperser l'armée la mieux disciplinée : tel fut à plus forte raison sur les Highlanders l'effet de la déroute de Culloden. Quelque atroces que fussent les mesures que prit le duc de Cumberland pour les empêcher de se réunir de nouveau, il faut convenir qu'elles allaient droit au but. Ce baptême de sang imposé aux Jacobites ne fit d'abord que les confirmer dans leur haine contre la dynastie de Hanovre, au lieu de les faire apostasier ; mais comme jadis les premiers chrétiens, les martyrs de la légitimité, cédant à la persécution, se cachèrent dans les cavernes, ou allèrent attendre dans l'exil des temps plus heureux. La politique du duc avait besoin de victimes pour perpétuer la terreur; il frappa même sur les clans qui avaient soutenu sa cause, en ordonnant le désarmement général des Highlands. Le montagnard qui ne remettait pas ses armes était convaincu de rébellion, et jugé comme tel. Enfin la guerre fut déclarée jusqu'au costume. Tout Écossais qui était rencontré avec le plaid, le philabeg, ou même avec un habit de tartan à carreaux, n'importe la forme, était condamné à six mois de prison, et à la transportation en Amérique en cas de récidive. Ces décrets n'eussent été qu'un caprice de la tyrannie, s'ils n'avaient été liés à une loi qui attaquait directement le système patriarcal des clans, pour y substituer une uniformité de juridiction propre à détruire complètement les rapports des Chefs avec leurs subordonnés. Les juridictions héréditaires furent abolies : c'était rompre les liens de parenté sur lesquels reposaient les affections des individus et de la tribu entière pour celui qui devait à tous sa protection, ses conseils, et les décisions d'un esprit plus éclairé. Le service personnel était le prix auquel chaque membre du clan obtenait une part de terre : cette redevance devenait nulle quand c'eût été désormais un acte de rébellion de l'exiger. Les Chefs s'aperçurent que leurs subordonnés occupaient sur leurs domaines un terrain qui serait plus productif s'il nourrissait des moutons : les moutons ont peu à peu envahi la demeure du pauvre Highlander, chassé dans les basses-terres ou exilé volontaire dans les déserts américains. Les conséquences politiques de cette proscription ont été peu à peu l'abaissement de la noblesse et l'accroissement des manufactures.

Mais pour en revenir aux conséquences immédiates de la victoire de Culloden, le gouvernement résolut de proscrire le Jacobitisme jusque dans la forme du culte. La plupart des Jacobites appartenant à la religion épiscopale, tous les Épiscopaux d'Écosse furent soumis à des lois plus restrictives que celles que le vieux fanatisme puritain avait jamais promulguées aux jours de ses triomphes. Tout prêtre ou laïque priant publiquement pour le roi, sans désigner nominativement le roi Georges, était déclaré traître, et condamné pour le moins à la transportation. En un mot, l'Écosse fut traitée comme un pays conquis, et ses habitans subirent les lois d'exception du double fanatisme religieux et politique, pendant que les soldats du duc de Cumberland se livraient à toutes les orgies de l'impiété et de la débauche sur les cadavres de leurs concitoyens et les ruines fumantes de leurs maisons.

On voulut donner aussi à Londres le spectacle de quelques supplices, afin que Temple-Bar fût décoré de têtes jacobites, comme les portes d'Édimbourg, de Manchester et de Carlisle. On fit aux comtes de Balmerino et de Cromarty, ainsi qu'à lord Balmerino, l'honneur de les juger devant la cour des pairs. Les deux premiers se reconnurent coupables, et implorèrent leur grace en cherchant à atténuer leur faute. Balmerino montra plus de fierté, mais sans arrogance. Le lord High Steward, qui présidait la chambre des pairs érigée en cour criminelle, ne fit aucune distinction entre les trois accusés dans ses conclusins, qui se terminèrent par cette sentence :

« Le jugement de la loi est que vous, William, comte de Kilmarnock, Georges, comte de Cromarty, et Arthur, lord Balmerino, tous les trois et chacun de vous, retourniez à la Tour d'où vous venez, pour être conduits à la place d'exécution ; là vous serez pendus par le cou, mais non jusqu'à ce que mort s'ensuive, car vous devez être ouverts vivans; vos entrailles seront arrachées, et brûlées à vos yeux, ensuite vos têtes séparées du corps, vos corps coupés en quatre quartiers, et mis à la disposition du roi : que Dieu tout-puissant ait merci de vos ames. »

Après cette sentence, le lord High Steward, sans se découvrir la tête, brisa sa baguette, emblème de sa dignité, en déclarant que sa commission était finie.

On ramena les prisonniers à la Tour : de puissantes sollicitations obtinrent la grace du comte de Cromarty; les deux autres furent exécutés le 1er août. Le comte de Kilmarnock mourut en homme résigné; Balmerino avec un courage et un sang-froid héroïques. Quand vint son tour, il demanda comment s'était passée l'exécution de Kilmarnoch, et en écouta le détail sans sourciller : — C'est bien, dit-il alors; mes amis, adieu, je ne vous retiendrai pas plus long-temps. Il traversa la foule avec l'uniforme qu'il avait porté dans la campagne de 1745, et s'en laissa dépouiller sans résistance. Jetant un coup d'œil ferme sur l'échafaud, il y lut cette inscription : — *Arthurus dominus de Balmerino, decolatus 18° die augusti 1746, ætatis 58.* Elle est exacte, observat-il ; et regardant le billot fatal : — Voilà l'oreiller de mon dernier sommeil. Le bourreau voulut lui demander pardon ; il lui donna trois guinées. — Mon ami, dit-il, je n'ai jamais été bien riche ; voilà tout ce qui me reste. Puis se tournant vers un des assistans : J'ai peur, ajouta-t-il, qu'on ne m'accuse de forfanterie ; croyez, monsieur, que ma conduite est inspirée par ma confiance en Dieu et une bonne conscience. Il examina le tranchant de la hache, et en parut satisfait. S'agenouillant alors, il fit sa dernière prière : — Seigneur, récompensez mes amis, pardonnez à mes ennemis, bénissez le roi Jacques, et recevez mon ame. Après ces mots, il donna le signal à l'exécuteur.

L'auteur de *Waverley* nous a fait assister aux supplices de Carlisle, où les *rebelles* furent condamnés en plus grand nombre ; car on ne respecta ni promesses ni capitulations. Le chapelain de la prison osa même prêcher devant les juges un sermon dont le texte indique assez l'intention : — Et Moïse dit aux juges d'Israël : Tuez tout homme qui s'est joint à Baal-Phegor. *Nombres* XXV, vers. 5.

Celui de tous les proscrits qui semblait devoir inspirer le moins d'intérêt à cause de son odieux caractère, lord Lovat, montra pour la mort tant d'indifférence, qu'il fut admiré comme un héros. Rusé jusqu'à la fourberie, il n'oublia pendant son procès aucune chicane pour embarrasser les juges; accablé par le nombre de preuves qui s'élevaient contre lui, il ne pensa plus qu'à abandonner gaiement la vie, qu'il ne pouvait plus prolonger. Il mourut en faisant des bons mots et en citant Horace : *Dulce est pro patriâ mori*, dit-il.

Enfin, au milieu de l'année 1747, une amnistie fut proclamée : c'était presque une dérision, et cependant on en exceptait encore quatre-vingts personnes!

On voudra peut-être savoir comment fut récompensé par la maison de Brunswick le magistrat qui lui avait donné des preuves de sa fidélité et de ses talens dans une crise aussi dangereuse. Le président Forbes de Culloden, dont la maison de campagne donna son nom au champ de bataille où Charles fut vaincu, perdit tout le fruit de ses services en osant recommander après la victoire la cause des vaincus. Il parla d'abord de clémence : on resta sourd à ses patriotiques conseils. Il parla des lois du pays : — Des lois! répondit le duc de Cumberland; quelles lois? J'enverrai une brigade pour vous donner des lois. Duncan Forbes avait levé des troupes pour le gouvernement; ses avances ne lui furent pas remboursées : il mourut de douleur.

Ses enfans obtinrent le privilège d'une distillation franche d'impôt, en dédommagement des dépenses qui avaient ruiné leur famille. Mais en 1785 on se lassa d'être reconnaissant, même à demi : ce privilège fut révoqué.

CHAPITRE XXII.

FUITE ET AVENTURES DE CHARLES-ÉDOUARD.

Les aventures de Charles-Édouard après sa défaite ressemblent à un roman. Le fondateur de sa race, Robert Bruce, avait jadis parcouru comme lui en fugitif les îles et le continent d'Écosse ; comme lui encore Charles II, vaincu à Worcester, avait miraculeusement échappé aux ennemis de son nom. Mais si ces deux princes eurent leurs têtes royales mises à prix, le diadème les consola plus tard : Charles-Édouard ne sauva la sienne du supplice que dans un éternel exil.

Après la perte de la bataille de Culloden, Charles-Édouard tint un dernier conseil avec ses officiers. Le prince lui-même pria ses amis de l'abandonner, et, accompagné de Halloran, de Shéridan, d'O'Neal, d'Edward

Burke, et quelques autres, il se rendit à Gortuleg, où était le lord Lovat. De Gortuleg il gagna le Loch-Arkaig, Oban, et puis Arasaig, où il s'embarqua pour les îles. Chemin faisant il avait réduit sa suite à trois personnes, y compris Edward Burke, qui était un domestique du laird de Macleod, et avec qui le prince changea d'habits. Une nuit d'orage précéda leur arrivée à Benbecula, petite île déserte, où ils passèrent quelques jours avant de se rembarquer pour Long-Island. Les privations de tout genre avaient commencé sur le continent pour l'illustre proscrit; et à peine descendu à Long-Island, il apprit que le général Campbell était avec des troupes dans une autre île à peu de distance. En cette extrémité, O'Neil résolut de s'adresser à une jeune Écossaise, appelée Flora Mac-Donald, qui était alors en visite chez des parens; elle était fille de Mac-Donald de Milton, et son père étant mort lorsqu'elle était encore enfant, sa mère s'était remariée avec Mac-Donald d'Armadale, de l'île de Skye, qui était capitaine d'une des compagnies envoyées à Long-Island pour arrêter le prince. Miss Flora était dans le printemps de la vie, citée par sa beauté, son esprit et surtout son humanité. Elle demanda d'abord à voir Charles-Édouard, qu'elle trouva exténué, et cependant toujours ce même prince aimable qui avait exercé tant d'influence sur les cœurs des dames d'Écosse. De ce moment Flora se dévoua au projet de le sauver. Elle obtint un passe-port de son beau-père pour elle et une prétendue servante, qu'elle appela Betty Burke, prétextant le désir d'aller voir sa mère dans l'île de Skye. Munie de cette pièce importante, qu'elle sut se procurer sans éveiller le moindre soupçon, elle retourna auprès du prince, qu'elle trouva dans une hutte, occupé à faire rôtir un foie de mouton avec une broche de bois. Ce spectacle lui arracha des larmes; mais Charles, toujours de bonne humeur, sourit, en disant que les rois n'en seraient que meilleurs s'ils étaient tous soumis à de semblables épreuves. Miss Flora partagea ce repas frugal préparé par de royales mains (1). Elle avait apporté le costume nécessaire au prince pour jouer le rôle de Betty Burke : Charles s'en revêtit, et se séparant de tous ses compagnons, se confia à la seule Flora et à un autre membre du clan des Mac-Donald, nommé Neïl Mac-Eachan, qui était une espèce de précepteur dans la famille Clanranald. Ce fidèle Écossais, établi depuis sur le continent, y donna le jour à un des héros de la France nouvelle, le maréchal Macdonald.

Charles et ses deux guides s'embarquèrent pendant la nuit dans un bateau ouvert. A quelques lieues du rivage, une tempête vint mettre en péril le frêle esquif. Charles s'aperçut de l'inquiétude de ses compagnons; il ne pouvait, comme César, encourager les matelots en leur disant qu'ils avaient à sauver un roi et sa fortune; mais il sut les distraire de leurs craintes par sa gaieté, chantant les airs écossais qu'il avait appris au bivouac de ses Highlanders, et racontant les légendes qu'il avait entendues raconter autour des feux de garde. Le jour rendit le calme à la mer et la sérénité au ciel.

(1) C'est une scène à peu près semblable qui a fourni à M. Paul de la Roche un charmant tableau qu'a admiré la petite-fille de miss Flora, venue récemment à Paris.

L'esquif se trouva bientôt en vue de Waternish, pointe occidentale de l'île de Skye; mais sur la côte un parti de soldats se montra en armes, aperçut le bateau, lui cria d'aborder, et sur son refus fit feu : Charles voulait forcer miss Mac-Donald à baisser la tête; elle n'y consentit qu'à condition qu'il baisserait en même temps la sienne. Le bateau regagna la pleine mer. Revenue de son alarme Flora sommeilla un moment, épuisée par la fatigue et l'inquiétude. Charles, attentif, s'assit auprès d'elle pour protéger son sommeil contre les mouvemens un peu brusques de la manœuvre des matelots. Le bateau aborda à l'extrémité septentrionale de l'île. Miss Mac-Donald, non moins prudente que dévouée, prit les devans, et alla à la découverte dans le château où elle se proposait de s'arrêter : c'était chez une dame qui était, comme elle, du clan de Mac-Donald. Elle trouva chez elle des officiers anglais, et ne put aller chercher le prince que fort tard. De cette maison, Charles fut conduit chez un laird appelé Kingsburg, où il se coucha, pour la première fois depuis deux mois, dans des draps blancs. Lady Kingsburg fit replier soigneusement ces draps après le sommeil du prince, les destinant à être son dernier linceul quand elle serait morte. Plus tard, elle consentit à en céder la moitié à Flora Mac-Donald pour le même usage.

Quand Charles était arrivé à Kinsburg-House, ses souliers étaient complètement usés; Kingsburg en avait justement une paire neuve qu'il donna au prince, et pliant soigneusement les vieux : — Ils pourront me servir, dit-il. — Et comment? demanda Charles. — Je veux, répondit son hôte, lorsque vous serez sur le trône de vos pères à White-Hall, vous les reporter moi-même pour vous rappeler des temps moins heureux. — J'espère que vous tiendrez parole, reprit Charles. Mais White-Hall ne revit plus les fils des Stuarts, et les souliers furent partagés par morceaux entre les dames jacobites du pays. Les idées de la génération actuelle s'éloignent de plus en plus de ces superstitions du royalisme ; mais le libéralisme moderne doit être plus indulgent pour un culte rendu ici plutôt à l'infortune qu'à la majesté royale.

Après mille aventures, les unes bizarres, les autres périlleuses, rencontrant quelquefois des ennemis, jamais un traître ; tantôt déguisé en domestique, tantôt en femme ; sauvé ici par son courage, là par la présence d'esprit de miss Mac-Donald, Charles se sépara de cet ange protecteur pour se rendre à l'île Raasay (1), et de cette île revenir au continent d'Écosse. Charles trouva sur la terre ferme les mêmes épreuves, les mêmes périls et le même dévouement. Dans une caverne où il chercha un asile étaient six voleurs, qui en faisaient leur demeure : l'un d'eux reconnut le prince. 30,000 livres sterling étaient promises à qui le livrerait mort ou vif.

(1) Pendant qu'il était à Raasay, caché dans une caverne, ses compagnons virent rôder à l'entour un étranger qui leur parut suspect : ils décidèrent de le tuer. Charles s'y opposa ; un vieux Gael lui répliqua que s'il était le prince, ses *amis* étaient le *parlement*. Le prince ne les empêcha pas moins d'immoler à sa sûreté un homme qui, dit-il, pouvait être innocent. L'étranger passa son chemin, et le prince fut à la fois brave et humain.

Il y a une loyauté parmi les voleurs, dit un proverbe, qui fut vrai cette fois, heureusement pour le proscrit. Celui qui le reconnut, voyant que ses compagnons le regardaient d'un air de méfiance, et n'osant pas leur confier le secret, s'approcha de lui familièrement : — Te voilà donc, Dougal Mac-Calony! s'écria-t-il avec un coup d'œil significatif. Charles comprit que cet homme voulait le servir, et se laissa traiter par lui en ami. Il était mourant de faim, et peut-être celui de toute la bande dont, en voyant son costume, un voyageur qui fût survenu aurait eu le plus de peur. Les voleurs furent ses gardes-du-corps pendant trois jours, et l'aidèrent à échapper aux soldats; ils prirent même à son intention les bagages d'un officier pour remplacer son linge et ses habits en lambeaux. Dans le même moment un jeune homme récemment à son service, Roderic Mackenzie, d'Édimbourg, se faisait égorger pour lui. Il y avait quelque ressemblance par les traits et la taille entre Mackenzie et le prince : poursuivi par un détachement, il mit l'épée à la main, et combattit avec bravoure jusqu'à ce qu'il fût blessé : — Malheureux! s'écria-t-il alors, vous avez tué votre prince! Les soldats en furent convaincus par sa bravoure encore plus que par ses paroles (1).

(1) Les historiens anglais contestent l'authenticité de l'anecdote rapportée par Voltaire, qui prétend que Charles-Édouard alla frapper à la porte d'un partisan de la maison de Brunswick, et se livra à lui en disant : « Le fils de votre roi vous demande du pain » et des habits. Prenez les haillons qui me couvrent; vous pourrez » me les rapporter un jour dans le palais des rois de la Grande- » Bretagne. » Voltaire avait pu tenir ce fait de quelque Écossais

Le dernier asile de Charles fut une espèce de caverne aérienne appelée la Cage, pratiquée à la cime d'une montagne appelée Lellernilick de Benalder. Il y resta depuis le 2 jusqu'au 13 septembre, et n'en sortit que pour s'embarquer sur un des deux navires français qui l'attendaient à l'ancre dans la baie de Loch-Uanuagh, non loin du même rivage où il avait débarqué le 19 juillet de l'année précédente. Lochiel, Roy Stuart, Lochgary et une foule d'amis, avertis de l'arrivée de ces navires, partirent pour l'exil avec Charles; cortège de proscrits autour d'un prince dont la tête était mise à prix comme la leur.

Miss Flora Mac-Donald avait été arrêtée peu de temps après le départ du prince de l'île de Skye, et retenue dans une prison de Londres pendant une année, en violation de l'*habeas corpus*. Quand elle fut mise en liberté, elle revint en Écosse sans avoir changé de sentimens, et épousa le fils de ce Mac-Donald de Kingsborough chez qui Charles avait trouvé un asile. Son mari et elle s'embarquèrent pour l'Amérique, où ils eurent d'autres aventures, dans lesquelles Flora déploya ce courage qui avait été si utile au prince. De retour à l'île de Skye, elle mourut dans un âge très-avancé.

réfugié : il n'a rien d'improbable, et s'accorde avec d'autres aventures du prince fugitif. Le théâtre s'est emparé de l'anecdote. Il est fâcheux que dans son drame touchant d'*Édouard en Écosse*, M. A. Duval ait mis au hasard des noms écossais qui sont peut-être en contradiction avec les opinions que leur prête l'auteur.

CHAPITRE XXIV.

CHARLES-ÉDOUARD ARRIVE EN FRANCE. — EST REÇU A LA COUR. — EST FORCÉ DE QUITTER CE ROYAUME, ET VA FINIR SA VIE EN ITALIE.

Quelques gouttes du sang de Henri IV (1) coulaient dans les veines de Charles-Édouard. Il y avait surtout en lui quelque chose du courage et des graces chevaleresques du Béarnais, qui devait le faire bien accueillir en France. Le bruit de ses premières victoires et de ses aventures romanesques après le jour fatal de Culloden y avait fait sensation au-delà du cercle de la diplomatie et de la cour. Lorsque la nouvelle de son débarquement près de Morlay fut connue, les gentilshommes de la Bretagne

(1) Il descendait de Henri IV par les femmes.

s'empressèrent de prodiguer à lui et à ses compagnons tous les secours dont ils avaient besoin. Un corps de Français avait combattu avec le prince à Culloden comme à Falkirk, en petit nombre, il est vrai, mais leur bravoure lui avait arraché quelquefois cette exclamation : « Avec trois mille Français de plus, j'aurais conquis toute l'Angleterre. » Le prince pouvait espérer du moins que le sol français serait pour lui un asile à jamais inviolable. Il venait de traverser, à la faveur d'une brume, une flotte anglaise. En descendant sur la plage, après ce dernier péril, il se jeta à genoux pour remercier le ciel, et ne tarda pas à prendre le chemin de Paris. Une foule de jeunes gentilshommes allèrent à sa rencontre. Il ne fit que traverser la capitale, et se rendit à Versailles, où le roi, la reine et toute la cour le reçurent en héros. La victoire couronnait alors les armes françaises. On parla de favoriser avec plus d'énergie une seconde expédition de Charles-Édouard; mais les moyens d'invasion qu'on offrit de mettre à sa disposition étaient trop faibles. Il ne voulut pas compromettre ses amis dans une guerre douteuse, et passa à la cour d'Espagne pour l'intéresser en sa faveur. Il y trouva des égards, des hommages même, mais peu d'offres réelles. Cependant bientôt la fortune parut déserter nos drapeaux. L'intérêt qu'inspirait Charles à la cour de Louis XV se refroidit : le traité d'Aix-la-Chapelle acheva de ruiner ses espérances. L'Angleterre obtint que le *Prétendant* serait éconduit du sol français. On retarda long-temps l'exécution de cet article, que l'Angleterre ne cessait de réclamer. On aurait voulu que Charles-Édouard partît de lui-même : les avis indirects ne lui manquèrent pas. Charles-Édouard voulut laisser à la cour qui l'abandonnait l'humiliant embarras de s'expliquer plus clairement. On l'accusa alors de braver dans son dépit la colère de la France. En effet, il avait fait frapper une médaille en l'honneur de la marine britannique. Le prince de Conti voulut en faire un sujet de moquerie en lui rappelant que cette marine s'était montrée peu favorable à sa cause : — Peut-être, répondit le prince anglais, mais la marine est la gloire de l'Angleterre, et la gloire de l'Angleterre ne peut m'être indifférente. Enfin il fut décidé que Charles-Édouard serait enlevé. Les troupes de la maison du roi et celles de la police cernèrent l'Opéra, où il devait aller. Quand il parut, le comte de Vaudreuil lui demanda son épée. Le prince comprit que toute résistance était inutile; mais il fit un geste pour se dégager des bras des agens de la police : ce fut un prétexte pour le charger d'indignes liens ; « dernier coup, dit Voltaire, dont la destinée accabla une génération de rois qui datait de trois cents années. » On transporta le captif dans ce château de Vincennes qui, cinquante ans plus tard, devait voir un autre proscrit non moins illustre expier dans ses fossés, par la mort des transfuges, son titre de petit-neveu du roi de France, devenu un crime. Charles-Édouard ne resta à Vincennes qu'une nuit; mais quand il s'y vit seul, dans une chambre étroite, avec son fidèle Mac-Eachan, il oublia sa fermeté pour s'abandonner à toute sa douleur, et versant un torrent de larmes : — Ah! mes braves montagnards! s'écria-t-il. C'était un dernier appel à cette époque d'espérance et de gloire où le prince faisait trembler le roi d'Angleterre sur son trône, et inspirait à la cour de Louis le regret d'avoir si timidement secouru un héros qui était déjà à trente lieues de Londres. L'honneur français prit parti pour Charles-Édouard. L'indignation fut générale à la nouvelle de son arrestation; mais les diplomates anglais furent inexorables. Le prince sortit de France, et habita quelque temps Avignon, ville qui appartenait alors au pape. Ce séjour s'accordait avec la pensée de ses infortunes. L'aspect de la capitale du comtat venaissin a une certaine solennité triste. Dans les cités voisines, toutes les décorations monumentales sont des ruines; les arcs de triomphe d'Orange et de Saint-Remy, les palais, les temples, les obélisques d'Arles rappellent des grandeurs éteintes; Arles surtout offre en partie sur ses places publiques, en partie sous les voûtes de ses rues solitaires, les vestiges de l'empire des Césars, d'une république libre, d'un royaume même qui, comme le royaume d'Écosse, n'existe plus que sur les inscriptions des tombeaux et dans les pages des chroniqueurs. De la Provence, Charles se rendit en Italie, d'abord à Rome, et de Rome à Florence. Son père et son frère l'y avaient précédé. Celui-ci avait renoncé à toute espérance de couronne terrestre, en acceptant la pourpre romaine sous le nom de cardinal d'York. Cette résolution impolitique avait contrarié vivement Charles-Édouard, que l'Italie avec toutes les séductions de son climat et de ses chefs-d'œuvre ne put distraire des souvenirs de l'Écosse. La mésintelligence ayant éclaté de nouveau entre la France et la Grande-Bretagne, le prince, dont toute espèce d'aventures charmait le courage, voulut juger par lui-même de l'assistance que lui garantissaient ses adhérens en Angleterre; il arriva mistérieusement à Londres en 1753. Le pays gémissait sous l'administration corrompue et corruptrice de Robert Walpole et de ses successeurs; le mécontentement était général. Cependant Charles s'aperçut qu'une mesure énergique et décisive répugnait à la plupart de ses plus zélés partisans. Ils auraient voulu profiter d'une révolution sans en courir les chances et les périls. Le prince avait pour amie de cœur une Anglaise nommée mistress Walkenshaw, dont la sœur était au service d'un prince de la maison de Brunswick. On eut l'air de s'effrayer de ce tendre engagement, et ce fut un motif ou un prétexte de rupture (1). Charles ne resta que quelques jours à Londres. On a prétendu que le roi Georges n'ignora pas son séjour si près de son palais, et n'osa ou ne voulut pas le faire arrêter. Il eût fallu pour un tel prisonnier dresser de nouveau l'échafaud de Marie Stuart.

En 1761, Georges III succéda à son père. Son couronnement eut lieu à Westminster avec toute la pompe accoutumée. Le champion du roi, armé de toutes pièces et monté sur son cheval de bataille, jeta le gant de défi selon l'usage. Au grand étonnement de tous les spectateurs, ce gant fut relevé par une jeune fille qui disparut aussitôt. Si le fait est vrai (2), les Jacobites présens à la solennité s'empressèrent de soustraire à tous les regards cette jeune téméraire. Peut-être était-ce un signal au-

(1) Voyez *Redgauntlet*, pour le portrait de mistress Walkenshaw
(2) Il est consigné dans une lettre de Hume qui le tenait de lord Mareshal.

quel ils auraient dû répondre en tirant l'épée du fourreau. En effet un des spectateurs reconnut tout à coup près de lui un homme dont la présence en un tel lieu devait bien surprendre : — Vous êtes, lui dit-il, le dernier être vivant que je me serais attendu à trouver ici... C'était le prince Charles-Édouard, qui répondit : — La curiosité seule m'a amené ; mais je vous assure que l'homme qui est l'objet de cette pompe est celui que j'envie le moins (1). L'objet de cette pompe a eu cependant un règne long et glorieux ; mais sous ce règne, au dehors, l'Amérique a vu une colonie anglaise s'insurger contre la mère-patrie, et la forcer de l'admettre au rang des nations indépendantes ; au dedans d'amers chagrins domestiques ont fait de Georges III un autre roi Lear. La couronne des Stuarts a fatigué sa tête jusqu'à troubler sa raison, et les galeries solitaires de Windsor ont retenti pendant plus de vingt ans des cris de sa douleur paternelle et de sa démence.

De retour sur le continent, Charles perdit son père (2), qui lui laissait le stérile héritage de ses droits. Le Chevalier prit alors le titre de comte d'Albany, et se retira auprès de Léopold, grand duc de Toscane, qui lui témoigna une généreuse amitié. A peu près dans le même temps, les cours de France et d'Espagne crurent qu'il était dans l'intérêt de leur politique de ne pas laisser éteindre le nom de Stuart, et négocièrent le mariage de

---

(1) Walter Scott a fondé sur cette tradition son roman de *Redgauntlet*, où nous retrouvons le prince en Écosse.

(2) 1766.

Charles avec la princesse Louise Maximilienne de Stolberg Gœdern, née en 1752 (1), et plus jeune de trente-deux ans que son époux. Cette union ne fut pas long-temps heureuse, et la comtesse alla se fixer à Rome auprès de son beau-frère, le cardinal d'York. On sait qu'elle devint plus tard l'épouse du poète Alfieri (2), qui, dans la dédicace de Mirrha, attribue tout son génie à son inspiration.

Charles-Édouard vécut encore quelques années après cette séparation malheureuse. On prétend que son caractère s'était aigri dans son long exil. Pour s'excuser sans doute d'avoir renoncé à leurs sermens, des écrivains jacobites eux-mêmes (3) ont répété les assertions au moins hasardées des écrivains whigs sur son incapacité, son humeur chagrine, sa *lâcheté* même, tant il est facile de calomnier l'infortune. Quelques voyageurs anglais, flatteurs de la famille régnante, se sont plu aussi à peindre Charles dans les infirmités de la vieillesse à Rome et à Florence. L'âge n'épargne pas les héros, surtout ceux qui, comme le petit-fils de Jacques II, ont combattu et souffert long-temps; mais les lauriers de Preston-Pans et de Falkirk auraient peut-être dû faire respecter les cheveux blancs du prince exilé. Le poète populaire de l'Écosse, qu'on ne peut pas soupçonner

---

(1) Née à Mons.

(2) La comtesse n'est morte qu'en 1824. Elle avait fait élever à Alfieri un monument funèbre par l'illustre Canova. On croit qu'elle avait épousé secrètement en troisièmes noces le peintre Fabre, qui a dernièrement légué son riche Musée à Montpellier sa ville natale.

(3) Mémoires du docteur King

d'avoir été l'ennemi des libertés de son pays, Robert Burns, pensa différemment. Dans ses ballades nationales, il a plus d'une fois rappelé la vaillance et les nobles vertus du dernier des Stuarts (1). L'historien sans doute ne doit pas, comme le poète, écouter exclusivement sa sympathie pour le malheur; la cause de la dynastie déchue avait cessé d'être celle du peuple sous Jacques VII. Il fallait oser alors l'accuser au nom des libertés publiques; mais quand le trône a été donné au plus digne, une telle origine impose des obligations sévères aux successeurs du prince préféré : s'ils les dédaignent, comme fit la dynastie de Brunswick à l'époque de 1745, ou plus tard sous Robert Walpole, et lorsqu'un compétiteur tel que Charles-Édouard, rentrant dans la lice, ramasse le gant, de quel côté placerons-nous la légitimité? La politique des souverains déserta ce prince et cette cause, qui était la leur. Charles-Édouard, long-temps proscrit, mourut à Florence l'année 1788 : un an après toutes les légitimités de l'Europe furent mises en question par la révolution française; et le palais d'Holyrood s'ouvrit pour protéger l'exil des Bourbons errans de royaume en royaume, comme naguère les malheureux Stuarts.

Le cardinal d'York vécut encore jusqu'en 1807. Comme son frère n'avait pas eu d'enfans, avec lui finit sous le chapeau d'un cardinal le dernier petit-fils de ce Jacques II qui avait sacrifié au papisme la triple couronne d'Angleterre.

(1) Voyez le *Chevalier's Lament*.

CHAPITRE XXXV.

CONCLUSION.

C'est depuis 1747 que l'histoire de l'Écosse se confond réellement avec celle d'Angleterre. Les événemens qui se sont passés dans les limites de ses villes n'ont plus été que des questions d'administration locale. Quand le peuple mécontent ose lever la tête dans quelque sédition, ce n'est plus aux yeux du gouvernement qu'une velléité d'indépendance dont la répression est confiée à la police. Déjà en 1736 la fameuse affaire de Porteous qui, avant l'Union, eût soulevé tout le royaume, avait été étouffée par quelques mesures municipales. Dans les années qui suivirent la bataille de Culloden, le Jacobitisme rêva quelques conspirations; mais il n'y eut plus de drapeau ouvertement arboré. Par intervalle on entendit aussi parler de quelques émeutes causées par la cherté des grains, ou les exactions de l'excise. En 1778, un régiment de Highlanders s'insurgea pour obtenir l'arriéré de sa solde : quelques accès du vieux fanatisme puritain coûtèrent cher, en 1779, aux malheureux catholiques. Mais tous ces désordres passèrent comme les rapides orages du printemps : le jour d'après, le calme était rétabli. A l'époque de 1789, l'appel fait à tous les peuples par la révolution française retentit jusque dans les montagnes d'Écosse ; dans ce royaume comme dans la Grande-Bretagne, il se forma des clubs, et quelques démocrates organisèrent même un complot dont le but était de rétablir l'indépendance nationale, et de fonder un gouvernement républicain à l'imitation de notre Convention : ce projet échoua.

Dans les Highlands, la résistance aux nouvelles lois et aux nouvelles mœurs a été plus opiniâtre que dans les Lowlands. Peu à peu la civilisation modifie cependant l'originalité des Gaëls. L'abolition des antiques contrats entre les Chefs et les clans ; le recrutement de l'armée régulière anglaise parmi les montagnards, et le long séjour de ces soldats en Amérique et en Espagne, dans les guerres avec les États-Unis et avec Napoléon ; les progrès du nouveau système de culture ; ces troupeaux qui ont usurpé le sol de la haute Écosse ; les forts qui ont remplacé sur les rochers l'aire de l'aigle ou la caverne du cateran ; les manufactures qui ont mis en honneur la navette du bailli Jarvie autant que la claymore de Rob-Roy ; les canaux et les chemins multipliés, les bateaux à vapeur promenant sur des lacs des caravanes de voyageurs : ces innovations et d'autres encore qui changent chaque jour la physionomie de ce peuple primitif en même temps que ses sauvages domaines, relèguent l'Écosse d'autrefois dans ces pages immortelles inspirées à Walter Scott par le patriotisme et le génie. Si les insignes de la royauté de Bruce ne sont plus que de vaines reliques qu'on exhume du château d'Édimbourg dans les parades d'une fête officielle, la littérature écossaise a du moins conservé son indépendance et son originalité. L'Écosse en adoptant la langue de Shakspeare a rivalisé noblement avec le génie anglais par les beaux ouvrages de Robertson et de Hume dans l'histoire, par l'éloquence d'Erskine et de Mac-Intosh au barreau et à la tribune, par les tableaux de Thomson et les chants de Burns dans la poésie, par les travaux de l'université d'Édimbourg dans les sciences, enfin par l'admirable talent de Walter Scott dans presque tous les genres de gloire littéraire (1).

(1) Ce précis de l'expédition de Charles-Édouard en Écosse est extrait d'un ouvrage plus complet, que l'éditeur des œuvres de Walter Scott in-18 doit publier sur les derniers princes de la maison de Stuart, et qui a été déjà annoncé dans la dernière note de *Waverley*. — Éd.

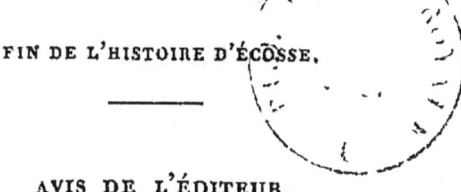

FIN DE L'HISTOIRE D'ÉCOSSE.

AVIS DE L'ÉDITEUR.

La vignette du titre du tome 1er représente le combat entre Bruce et trois de ses parens, p. 95-96, chapitre VI.

Celle du titre du tome 2 le moment où Douglas montre à Jean de Vienne l'armée écossaise, p. 214-215, chapitre XIV (tome 1er).

Celle du titre du tome 3, la tentative des Gowrie pour assassiner Jacques VI, p 115, chapitre XXX.

TABLE

DES CHAPITRES DE CE VOLUME.

CHAPITRE XXVII.

Pages.

Retour de la reine Marie en Écosse.—Heureux commencemens de son règne. — Expédition contre Huntly. — Négociations avec Élisabeth pour un second mariage. — Marie épouse Darnley. 1

CHAPITRE XXVIII.

Révolte de Murray. — Meurtre de Rizzio. — Naissance de Jacques VI. — Mort de Darnley. 17

CHAPITRE XXIX.

Mariage de Marie et de Bothwell. — Marie se rend aux lords confédérés à Carberry. — Son emprisonnement dans le château de Lochleven, et son évasion. — Bataille de Langside et fuite de Marie en Angleterre. — Conduite injuste d'Élisabeth envers la reine d'Écosse. — Régence et meurtre de Murray. — Guerres civiles en Écosse. — Régence de Morton. — Son procès et son exécution.— Affaire de Ruthven. — Jacques VI se laisse diriger par Stuart, comte d'Arran — Disgrace et mort de ce favori. 34

CHAPITRE XXX.

Pages.

Rigueurs auxquelles Marie est exposée pendant sa captivité. — Conjuration de Babington. — Procès de Marie. — Sa condamnation et son supplice. — Règne de Jacques VI. — Dissensions parmi les nobles et esprit sanguinaire de l'époque. — Buccleuch délivre Kinmont-Willie renfermé dans le château de Carlisle. — Conspiration de Gowrie. — Avénement de Jacques à la couronne d'Angleterre. 85

PRÉCIS DE L'HISTOIRE D'ÉCOSSE depuis l'union des couronnes sous Jacques VI, jusqu'à l'union des royaumes sous la reine Anne, et continuation de cette histoire jusqu'à l'extinction des Stuarts. 125

INTRODUCTION. 127

CHAPITRE PREMIER.

Jacques VI d'Écosse ou Jacques Ier d'Angleterre. — Son projet d'unir les deux royaumes. — Ses tentatives pour convertir les presbytériens à l'épiscopat échouent. — Son voyage en Écosse. — Sa mort. — Son caractère. 133

CHAPITRE II.

Avénement de Charles Ier. — Il penche pour le gouvernement de droit divin, et veut établir l'épiscopat en Écosse. — Écossais au service de Suède. — Charles va se faire sacrer en Écosse. — Opposition du clergé presbytérien. — Persécution. — Insurrection. — Covenant. 137

CHAPITRE III.

Les commissaires écossais à Londres. — Leur importance. — Guerre civile. — Charles se rend à l'armée écossaise qui le vend au parlement. — Sa mort. 143

TABLE.

CHAPITRE IV.

Pages.

Effet que la mort de Charles produit en Écosse. — L'Écosse reconnaît Charles II. — Montrose.   146

CHAPITRE V.

Charles II en Écosse. — Cromwell général de la république. — Il défait les Écossais. — Couronnement de Charles II. — Il fait une incursion en Angleterre. — Est défait à Worcester.   149

CHAPITRE VI.

Monk en Écosse. — Protectorat de Cromwell. — Wogan. — Les dernières années de Cromwell. — Sa mort. — Restauration.   154

CHAPITRE VII.

La restauration en Écosse. — Désappointement des partis et réaction épiscopale. — Réaction royaliste. — Troubles. — Réfractaires. — Persécution. — Dragonades. — Bataille de Loudon-Hill. — Claverhouse, Burley. — Bataille du pont de Bothwell.   158

CHAPITRE VIII.

Avénement de Jacques II d'Angleterre ou Jacques VII d'Écosse. — Espérances des diverses sectes. — Jésuites. — Proscription.   176

CHAPITRE IX.

Conséquences de la révolution de 1688 en Écosse. — Le vicomte de Dundee. — Bataille de Killiecrankie. — Massacre de Glencoe.   180

CHAPITRE X.

J. Paterson. — Banque d'Écosse. — Établissement de l'isthme de Darien — Malheurs de l'Écosse. — Mort de Jacques VII.   186

CHAPITRE XI.

Pages.

Règne de la reine Anne. — Acte de sécurité. — Nouveau parlement. — Fletcher de Saltoun. — Lord Belhaven. — L'union des deux royaumes. — Rébellion de 1715.   192

CHAPITRE XII.

État de l'Angleterre et de l'Écosse en 1745. — Arrivée du prince Charles-Édouard au milieu des clans. — Il arbore sa bannière à Glenfinin.   200

CHAPITRE XIII.

Sir John Cope, commandant les troupes du gouvernement, se prépare à combattre le prince. — Charles et les Highlanders marchent sur Édimbourg, et y font leur entrée. — Le roi Jacques VIII est proclamé. — Une héroïne de 1745.   207

CHAPITRE XIV.

Bataille de Preston-Pans ou Gladsmuir. — Le colonel Gardiner. — Sir John Cope se retire avec quatre cents dragons. — Modération du prince. — Sa rentrée à Édimbourg. — Opposition du clergé. — Pénurie de Charles-Édouard. — Contributions imposées à Glascow.   212

CHAPITRE XV.

Levers d'Holyrood. — Camp de Duddrington. — Esprit de quelques Jacobites de nouvelle date. — Marche sur Londres. — Le maréchal Wade. — Prise de Manchester.   216

CHAPITRE XVI.

Marche sur Londres. — État de l'Angleterre. — Conseil de Derby. — La retraite est décidée. — Désespoir de Charles-Édouard. — Marche rétrograde. — Affaire de Cliftongrove.   221

TABLE.

CHAPITRE XVII.

Pages

L'armée de Charles-Édouard continue sa retraite en Écosse. — Dévouement de la garnison de Carlisle. — Le duc de Cumberland retourne à Londres. — Contributions de guerre — On veut assassiner Charles-Édouard. — Le général Wolf. — Prédiction de Cope. — Le colonel Campbell. — Champ de bataille de Falkirk. — Le général Hawley fait la cour aux dames jacobites. — Une sorcière sous la forme d'un lièvre. 226

CHAPITRE XVIII.

Bataille de Falkirk. — Journal de Charles-Édouard. — Retour du duc de Cumberland. — Jugement sur ce prince. 230

CHAPITRE XIX.

Cour du duc de Cumberland à Holyrood. — Oppression et exactions. — Jeanie Cameron. — Dévouement d'un Highlander. 234

CHAPITRE XX.

Bataille de Culloden. — Attaque des clans. — Ils sont repoussés, vaincus. — Leur déroute. — Suites de la victoire du duc. — Chasse aux rebelles. — Inscription d'Inverrary. — Smollet. 238

CHAPITRE XXI.

Mesures du duc. — Politique cruelle. — Persécution. — Abolition des juridictions héréditaires. — Procès des chefs des Highlands, etc. 243

CHAPITRE XXII.

Fuite et aventures de Charles-Édouard 246

CHAPITRE XXIV.

Pages.

Charles-Édouard arrive en France. — Est reçu à la cour. — Est forcé de quitter ce royaume et va finir sa vie en Italie. 256

CHAPITRE XXV.

Conclusion. 264

FIN DE LA TABLE DU TOME TROISIÈME.

ŒUVRES COMPLÈTES
DE
JAMES FENIMORE COOPER.

Cette édition sera précédée d'une notice historique et littéraire sur les États-Unis d'Amérique; elle formera vingt-sept vol in-dix-huit, imprimés en caractères neufs de la fonderie de Firmin Didot, sur papier jésus vélin superfin satiné; ornés de vingt-sept gravures à l'eau forte; de vingt-sept titres avec des vignettes représentant des scènes tirées des romans américains et des vues des lieux décrits par l'auteur, gravés en taille-douce par MM. Alfred et Tony Johannot, sur leurs propres dessins, composés d'après des documens authentiques; de neuf cartes géographiques destinées spécialement à chaque ouvrage, par A. Perrot et P. Tardieu; d'une carte générale des États-Unis d'Amérique, et d'un portrait de l'auteur. La traduction est entièrement revue sur le texte, et elle est accompagnée de notes explicatives.

ŒUVRES COMPLÈTES
DE SIR WALTER SCOTT.

Cette édition est précédée d'une notice historique et littéraire. La traduction est entièrement revue sur le texte, et elle est accompagnée de notes explicatives. Elle formera quatre-vingts vol. in-18, ornés de 250 gravures, vignettes et cartes géographiques, et d'un portrait de l'auteur.

CONDITIONS DE LA SOUSCRIPTION AUX DEUX COLLECTIONS.

Il paraît tous les mois une livraison de chacun des auteurs. Chaque livraison se compose de trois vol. de texte et d'un atlas renfermant les planches. PRIX : 12 fr.

ON SOUSCRIT, SANS RIEN PAYER D'AVANCE, CHEZ LES ÉDITEURS,

CHARLES GOSSELIN, LIBRAIRE	A. SAUTELET ET C°,
DE S. A. R. M. LE DUC DE BORDEAUX,	LIBRAIRES,
Rue St.-Germain-des-Prés, n. 9.	Place de la Bourse.

www.ingramcontent.com/pod-product-compliance
Lightning Source LLC
Chambersburg PA
CBHW070758170426
43200CB00007B/824